Katharina Fobes/Alexandra Leuchter/
Stephanie Müller/Barbara Quadflieg

Bergedorfer® Grundschulpraxis

Deutsch

4. Klasse
Band 2

Persen Verlag

Gedruckt auf umweltbewusst gefertigtem, chlorfrei gebleichtem
und alterungsbeständigem Papier.

1. Auflage. 2006

Illustrationen: Stefan Lohr
Gesamtherstellung: Ludwig Auer GmbH, Donauwörth
ISBN 978-3-8344-**3939**-0

www.persen.de

INHALTSVERZEICHNIS

1 Konzeption und Aufbau des Bandes

Leitidee des Deutschunterrichts in der Grundschule ist die Entwicklung einer Gesprächs- und Lese-Schreib-Kultur. Sprachliche Fähigkeiten und Fertigkeiten wie Lesen und Schreiben, die alltägliche Verständigung im mündlichen und schriftlichen Sprachhandeln, der kreative Umgang mit Sprache, die Deutung von Texten und die Einsicht in den Bau von Sprache werden im vierten Schuljahr vertieft.

Das vorliegende Material (bestehend aus Band 1 und 2) bietet eine **vollständige Unterrichtskonzeption, um die verbindlichen Anforderungen des Lehrplans (orientiert an NRW) am Ende der vierten Klasse zu erreichen**. Dabei werden die Aufgabenbereiche des Lehrplans Deutsch kindgerecht, handlungsorientiert, differenziert und fantasievoll umgesetzt und die Themen des Sachunterrichts mit den Lernbereichen verknüpft. Durch diese inhaltliche Nähe der Unterrichtsreihen zur Lebenswirklichkeit der Kinder fühlen sich die Kinder angesprochen und ihre Wissbegier wird angeregt. Herausfordernde Situationen sind für Kinder wirkliche Anlässe, sprachlich zu handeln. Soziale Lernformen wie die Partner- und Gruppenarbeit, aber auch individuelles Üben finden dabei Berücksichtigung.

Zentrales Ziel ist der Aufbau und die Mitgestaltung einer Gesprächs- und Lese-Schreib-Kultur. Hierzu zählt, dass die Kinder Schreiben als persönlichen Gewinn erleben und Lust an der sprachlichen Gestaltung und am sprachlichen Spiel erwerben. Durch die mögliche Veröffentlichung von Texten erhalten die Kinder einen Anreiz zur Optimierung von Texten hinsichtlich der Sprache, der äußeren Gestaltung und der orthografischen Richtigkeit.

Im Bereich **„Schriftliches Sprachhandeln"** stehen die Aspekte Planen, Beraten und Überarbeiten für den Schreibprozess im Mittelpunkt. Indem verschiedene Textsorten vorgestellt werden, werden die Kinder angeleitet, den Adressatenbezug und die Aussageabsicht bei der Planung eines Textes zu berücksichtigen. Die Entwicklung eigener Ideen zum Schreiben von Texten soll angeregt werden. Das Beraten und Überarbeiten von Texten kann in gemeinsamen Reflexionsgesprächen sowie in Form von Schreibkonferenzen stattfinden. Anregungen und Anleitungen zu den einzelnen Aspekten finden sich jeweils in den einzelnen Kapiteln. Hinweise zum Überarbeiten von Texten befinden sich in Kapitel 2 auf Seite 8.

Im Bereich **„Rechtschreibung"** wird in Klasse 4 weiter auf das normgerechte Schreiben hingearbeitet. Die Kinder lernen weitere Regeln der deutschen Rechtschreibung kennen und können mit den Arbeitsmethoden zur Rechtschreibkompetenz aus der zweiten und dritten Klasse weitgehend selbstständig umgehen. Die Übersicht über die Merksätze kann unterstützend wirken, um wichtige Regelungen bei der Überarbeitung von Texten im Blick zu behalten (siehe Seite 152/153).

Im Bereich **„Umgang mit Texten und Medien"** soll die Lesemotivation der Kinder aufrechterhalten werden. Sie begegnen unterschiedlichen Textsorten und lernen, diese auf ihre Absicht, Wirkung und sprachlichen Mittel hin zu unterscheiden. Informationen entnehmen die Kinder den Texten, indem sie beispielsweise Zwischenüberschriften in einen Sachtext einfügen oder Fragen zu einem Text beantworten. Eine weitere Form der Informationsentnahme stellt die Lesekonferenz dar, in der eine Kleingruppe sich mit einem Text befasst. Ein ausgewählter Sprecher der Gruppe überlegt sich Fragen zum Text und lässt diese von den übrigen Gruppenmitgliedern beantworten (siehe Seite 8/9). Auch das Nutzen von Büchern und anderen Medien zur eigenen Recherche kommt zum Tragen. Anhand von Beiträgen, z. B. aus dem Bereich Werbung oder auch durch die Gestaltung eigener Beiträge, gewinnen die Kinder Einsicht in die Machart, sinnvolle Nutzung und Auswahl dieser Medien.

Im Bereich **„Mündliches Sprachhandeln"** sollen in der vierten Klasse neben dem alltäglichen Sprechen und Erzählen zielgerichtete Planungs- und Reflexionsgespräche angebahnt werden. Dabei kommt es darauf an, dass die Kinder auf Beiträge anderer eingehen und diese weiterführen sowie Rückfragen dazu stellen können. Im Rahmen von Reflexionsgesprächen zu Unterrichtsthemen lernen sie, Kritik zu üben und Tipps zu formulieren. In der Projektarbeit wird zudem die Fähigkeit zur Metakommunikation gefördert und reflektiert. Die Gestaltung und Durchführung von Kurzvorträgen zu Sachthemen wird wiederholt.

Die in diesem Band aufgeführten **sechs Unterrichtsreihen** bauen inhaltlich und methodisch aufeinander auf, sind jedoch auch unabhängig voneinander einsetzbar. Sie behandeln alltägliche Themen aus der Lebenswirklichkeit der Kinder. Den Abschluss des Bandes bildet ein **Jahreszeitenkapitel** zu den Jahreszeiten Frühling und Sommer. Hier werden vielfältige Texte zum selbstvergessenen, genießenden und interessegeleiteten Lesen angeboten.

In allen Unterrichtsreihen kommen stets folgende Aspekte als roter Faden zum Tragen:

- Bekannte **Texterschließungsverfahren** aus den Klassen 2 und 3 werden fortgeführt und weitere Methoden eingeführt. Dabei werden Vorgehensweisen im Umgang mit einem Text detailliert beschrieben und können anhand differenzierter Übungen sofort umgesetzt werden. Auf diese Weise wird das sinnbildende Lesen trainiert und die intensive Auseinandersetzung mit dem Text gefördert.
- **Schreibanlässe** zu unterschiedlichen Themen und in vielfältiger Form fördern die sprachlich-geistige Entwicklung der Kinder. Sie tragen zum Aufbau einer Lese-Schreib-Kultur bei, indem die Kinder ihre eigenen Texte veröffentlichen und Texte der anderen lesen.
- **Phänomene der deutschen Rechtschreibung** werden kindgerecht erläutert und mittels eindeutiger Beispiele dargelegt. So wird den Kindern eine detaillierte Einsicht in den Bau der deutschen Sprache ermöglicht.
- Differenzierte **Methoden zum Erwerb der Rechtschreibkompetenz** aus den Klassen 2 und 3 werden aufgegriffen und zunehmend selbstständig von den Kindern genutzt.

Die einzelnen Unterrichtsreihen sind folgendermaßen aufgebaut:

- Zunächst wird zu jeder Unterrichtsreihe ein ungefährer **Stundenumfang** angegeben, um der Lehrkraft eine Orientierung zur Reihenplanung zu geben.
- Ein **Überblick** zeigt der Lehrkraft die **Ziele** der einzelnen Lernbereiche des Fachs Deutsch, die in der Unterrichtsreihe angestrebt werden. Zudem wird der **Aufbau der Unterrichtsreihe** dargelegt. Jede Unterrichtsreihe gliedert sich in einzelne Bausteine, die aufeinander aufbauen, jedoch teilweise auch unabhängig voneinander eingesetzt werden können.
- Der **didaktische Kommentar** verschafft der Lehrkraft eine Übersicht über die zugrunde gelegten sachlichen Schwerpunkte der Unterrichtsreihe, konkretisiert die Schwerpunkte des Deutschunterrichts und zeigt Verknüpfungspunkte zum Arbeiten in anderen Fächern auf. Zudem werden mögliche Arbeits- und Unterrichtsformen für die jeweilige Reihe genannt.
- In den einzelnen **Bausteinen** wird detailliert aufgeführt, welche Materialien benötigt werden. Außerdem erhält die Lehrkraft anhand genau beschriebener Unterrichtsschritte eine vollständige Unterrichtsplanung, die nicht nur methodische Anregungen enthält, sondern auch Ideen zur Entwicklung des reflexiven Sprachhandelns gibt. Mögliche zusätzliche Übungen für Kinder mit *Deutsch als Zweitsprache* (DaZ) werden hier aufgeführt.
- Im Anschluss an die Bausteine findet die Lehrkraft eine Auflistung der in der Unterrichtsreihe erarbeiteten **Lernwörter**. Hier werden Nomen mit Artikel aufgeführt und in ihrer Singular- und Pluralform genannt. Bei Verben wird der Infinitiv und eine konjugierte Form (3. Person Singular) aufgeführt. Adjektive stehen im Positiv, Komperativ und Superlativ.
- Zu allen Unterrichtsreihen werden **Möglichkeiten der Lernerfolgskontrolle** bezüglich der in den Bausteinen erarbeiteten Lerninhalte benannt. Diese sind so gestaltet, dass sie entweder mit den bereits vorhandenen Materialien der jeweiligen Kapitel umgesetzt werden können oder nur wenig zusätzliches Material erfordern. Die Vorschläge eignen sich sowohl für die Gestaltung von Klassenarbeiten als auch für kurze schriftliche Übungen. Ebenso werden Hinweise zur Bewertung von mündlichem Sprachhandeln und praktischen Arbeiten gegeben. Im Bereich der Rechtschreibung kann die Lehrkraft sich mit Hilfe der tabellarischen Übersicht am Ende des Buches bezüglich der geübten Rechtschreibphänomene orientieren und diese als Bewertungsgrundlage für die Texte der Kinder nutzen.
- **Kommentierte Literaturhinweise** schließen jede Unterrichtsreihe ab. Sie dienen nicht nur der Anregung, ein geeignetes Buch zum Vorlesen zu finden, sondern können ebenso zur Einrichtung einer thematisch orientierten Leseecke genutzt werden. Auch die Erstellung einer Leseliste für die Eltern- oder Kinderhand ist denkbar. Teilweise finden sich weiterführende Literaturhinweise für die Lehrkraft sowie lohnende Internetadressen.
- Im **Materialteil** jeder Unterrichtsreihe befinden sich die in den Bausteinen zugrunde gelegten

Materialien als Kopiervorlagen. Vielfältige Möglichkeiten zum Mitgestalten wie Schreiben, Lesen, Malen und Darstellen ermöglichen es jedem Kind, eine geeignete Aufgabe zu wählen. Auch fächerverbindendes Arbeiten wie eine Anleitung zum Basteln oder das Singen eines Liedes finden hier Berücksichtigung.
Sofern nicht anders benannt, sind alle mit **M** gekennzeichneten Materialien **Arbeitsblätter** für die Kinderhand.

- In Kapitel 4 (S. 149) sind alle **Lernwörter des Bandes** alphabetisch geordnet zusammengestellt und ermöglichen der Lehrkraft einen vollständigen Überblick.
- In Kapitel 5 (S. 150/151) gibt es zwei **Schmuckrahmen**. Diese können für die Kinder kopiert werden, wenn sie mehr Platz zum Schreiben benötigen sollten, als auf den Arbeitsblättern vorgesehen ist.
- In Kapitel 6 (S. 152/153) gibt es eine **Übersicht über die wichtigsten Merksätze** mit Fachbegriffen aus allen Bänden. Diese Merksätze kennen die Kinder von den Arbeitsblättern, da sie ihnen dort regelmäßig in Form von Merkameisen begegnet sind. Inhaltlich beziehen sich alle Merkameisen auf Anforderungen, die am Ende der Klasse 4 im Fach Deutsch erfüllt sein müssen.
In diesem Band 2 für die vierte Klasse befinden sich die Merkameisen zu den Schwerpunkten Zeichensetzung und Grammatik.
In dem vorhergehenden Band 1 für die vierte Klasse findet man die Merkameisen zu den Schwerpunkten Wortarten und Rechtschreibung.
- Eine **tabellarische Übersicht** aller Unterrichtsreihen mit dargelegten Methoden, Veröffentlichungsmöglichkeiten von Arbeiten der Kinder und Zielen in den einzelnen Lernbereichen bildet den Abschluss dieses Bandes.
Sie dient der Orientierung und bietet eine schnelle Rückgriffmöglichkeit auf andere Kapitel.

Übersicht über Symbole

 Zusatzaufgabe

 Merksatz

 Partnerarbeit

 Gruppenarbeit

2 Hinweise zum Lesen und Überarbeiten von Texten

Lesekonferenzen

Texte lesen heißt Texte verstehen

Die Bedeutung der Lesekompetenz ist nicht zuletzt durch die PISA-Studie in den Mittelpunkt schulischen Interesses gerückt. Positiv ist, dass im Zuge dessen ein Konsens darüber entstanden ist, was diese Kompetenz im Kern ausmacht: den verstehenden Umgang mit Texten.
Vor dem Hintergrund ihres Vorwissens, ihrer Vorstellungen und Werthaltungen verstehen und deuten Kinder Texte unterschiedlich. Deshalb ist es wichtig, sich über den Sinn eines Textes zu verständigen. Dazu sollen Kinder lernen,

- fremden Texten neugierig und offen zu begegnen,
- nicht aufzugeben, wenn sie bei der ersten Lektüre nicht alles verstehen, und zu akzeptieren, dass es üblich ist, komplexe Texte mehrfach zu lesen,
- Werkzeuge zu nutzen, wie z. B. den Stift, um Wichtiges oder Unklares zu unterstreichen,
- sich über ihr Verständnis des Textes zu unterhalten/auszutauschen und Bedeutungen von Wörtern zu klären.

Gespräche über Texte stellen sich jedoch nicht von selbst ein. Des Weiteren stellt sich die Frage, wie der subjektive Zugang der Kinder zum Text aufgenommen und weitergeführt werden kann, damit sich die Verstehensfähigkeit entfaltet. Eine Möglichkeit hierfür bietet die Lesekonferenz.

In der Lesekonferenz lernen Kinder, Texte verstehend zu lesen und inhaltlich zu erschließen. Textverarbeitungsstrategien, die PISA als wesentliche Faktoren für Lesekompetenz herausgestellt hat, werden im Zusammenhang angewandt bzw. geübt:

- Anreichern
- Ergänzen
- Klären
- Beziehungen herstellen zu eigenen Erfahrungen
- Schlussfolgerungen ziehen
- Verbindungen zwischen Textteilen herstellen
- Verbindungen zwischen Text und Wirklichkeit herstellen

Die folgende Art der Lesekonferenz eignet sich insbesondere für sachorientierte Texte. Folgende Struktur wird vorgeschlagen:

Lesekonferenz vorbereiten:
1. Schritt: Der Gesprächsleiter wird gewählt.
2. Schritt: Der erste Textabschnitt wird still gelesen.

Lesekonferenz durchführen:
3. Schritt: Der Gesprächsleiter stellt Fragen, die aus dem Text heraus beantwortet werden können.
4. Schritt: Er fordert dazu auf, schwierige Wörter oder Abschnitte zu erklären.
5. Schritt: Er fasst den Abschnitt mit eigenen Worten zusammen.
6. Schritt: Er versucht vorauszusagen, was im nächsten Abschnitt steht.

Dann übernimmt ein anderes Kind die Rolle der Gesprächsleitung. Alle Gruppenmitglieder können ihrerseits fragen, ergänzen, Hypothesen aufstellen.
Wenn die Kinder mit dem Verfahren noch nicht vertraut sind, ist es sinnvoll, dass die Lehrkraft die Rolle der Gesprächsleitung übernimmt und eventuell die Textabschnitte mit Arbeitsaufträgen versieht, z. B.:
- Schreibe ein oder zwei Fragen auf, die man beantworten kann, wenn man genau nachliest.
- Was hast du bisher erfahren? Schreibe einen oder zwei Sätze.
- Wie könnte es weitergehen?

Die Kinder sollen in jedem Fall ausreichend Gelegenheit haben, den Text still zu lesen. Falls das Verfahren noch nicht bekannt ist, ist es ebenfalls sehr sinnvoll, den Text anschließend vorzulesen. Beim Vorlesen sollte es keine kontrollierenden Mitleser geben. Wer sich ganz auf das Zuhören konzentriert, hört das zuvor Gelesene ohne die Anstrengung des Entzifferns und kann dem Geschriebenen – vorgetragen von einer anderen Stimme – vielleicht einen neuen Sinn abgewinnen.

Die eigentliche Lesekonferenz findet statt in einer Gruppe mit vier bis sieben Kindern. Sie lesen den Text, dann wird er vorgelesen. Die Kinder notieren Fragen zum Text. Ein Kind beginnt mit einer Frage, das Kind, das diese beantwortet, stellt die nächste Frage.

Karten als Merkhilfen

Eine weitere Möglichkeit, eine Lesekonferenz stufenweise einzuüben, bieten die folgenden Merkhilfekarten. Am Anfang erhält eine Gruppe zu einem Text nur die Karten zu den Schritten 1, 2, 3 und 7. Bei einem späteren Durchlauf werden dann entweder die weiteren Karten nach und nach hinzugenommen oder auch nur einzeln eingesetzt.
Später können die Karten dazu dienen, das Ritual einer Lesekonferenz zu festigen. Darüber hinaus benötigen die einzelnen Kleingruppen vermutlich in unterschiedlichem Maße Hilfestellungen.

Lesekonferenz

1. Schritt:

Wählt einen Gesprächsleiter.

Lesekonferenz

2. Schritt:

Lest den ersten Textabschnitt.
Jeder liest leise für sich.

Lesekonferenz

3. Schritt:

Der Gesprächsleiter stellt Fragen, die aus dem Text heraus beantwortet werden können.

Lesekonferenz

4. Schritt:

Der Gesprächsleiter fordert dazu auf, schwierige Wörter oder Abschnitte zu erklären.

Lesekonferenz

5. Schritt:

Der Gesprächsleiter fasst den Abschnitt mit eigenen Worten zusammen.

Lesekonferenz

6. Schritt:

Der Gesprächsleiter versucht vorauszusagen, was im nächsten Abschnitt steht.

Lesekonferenz

7. Schritt:

Wählt einen neuen Gesprächsleiter und bearbeitet den nächsten Abschnitt.

Schreibkonferenzen

Texte überarbeiten und Schreiben als Prozess verstehen

Schreiben ist gleichermaßen ein Instrument der Verständigung, der Aufbewahrung von Informationen, des kreativen Sprachspiels sowie ein Stützpfeiler bei der Entwicklung der eigenen Person. In den letzten Jahren ist bezüglich schreibdidaktischer Konzeptionen eine zunehmende Schülerorientierung zu verzeichnen. Den Kindern wird die Möglichkeit gegeben, eigene Texte intensiv überarbeiten zu können. Hintergrund dabei ist, dass die Kinder sich aneignen sollen, mehr für sich bzw. eine eigene Leserschaft zu schreiben als lediglich für die Lehrperson.
So wird es möglich,

- Schreiben als etwas für sich persönlich Bedeutsames zu begreifen und zu nutzen;
- einen eigenen Stil sowie eine eigene Zugriffsweise für das Verfassen von Texten zu entwickeln;
- über die eigene Art zu schreiben nachzudenken und text-, adressaten- und absichtsgemäße Schreibstrategien zu entwickeln.

Eine Möglichkeit, (freie) Texte zu überarbeiten, bieten die Schreibkonferenzen.
Innerhalb einer solchen Konferenz können selbst verfasste Texte zunächst einer kleinen Gruppe vorgestellt werden. Durch Diskussionen, die sich an bestimmten Ritualen orientieren, erhalten die Autorenkinder Vorschläge zur Überarbeitung, um die Texte dann in geeigneter Form zu veröffentlichen.
Die Kinder sollen dabei lernen, ihren eigenen Texten gegenüber eine selbstreflexive Haltung einzunehmen und damit die Verantwortung für ihre Texte zu tragen.
Eine Schreibkonferenz durchzuführen erfordert bestimmte Kompetenzen der Kinder, die im Vorfeld geübt werden müssen. Zu diesen „Überarbeitungskompetenzen" gehören:

- **Fragen zum Text stellen können:**
  Dies betrifft insbesondere Verständnisfragen. Den Kindern müssen folgende Fragen geläufig sein: Für wen ist der Text? Was soll der Text bewirken? Habe ich den ganzen Text verstanden? Welche Stellen habe ich noch nicht verstanden?

- **Korrekturen am Rand durchführen können:**
  Von den Texten der Kinder werden Kopien in vergrößertem Format und mit freiem Rand angefertigt. Die Kinder sollen Textstellen unterstreichen, die ihnen nicht gefallen, und Verbesserungsvorschläge machen. Diese Vorschläge sollen in einzelnen (Stich-)Worten oder ganzen Sätzen an den Rand geschrieben werden.
  Eventuell können allgemeine Schreibhinweise (Wortwiederholungen vermeiden, nicht zu lange Sätze schreiben etc.) als Plakat in der Klasse veröffentlicht werden. Weitere Hilfen sind z. B. Merkblätter mit verschiedenen Satzanfängen sowie Wortfelder zu häufig verwendeten Wörtern (gehen, sagen etc.).

- **Gelungene Textstellen finden können:**
  Eine wichtige Rückmeldung für das Autorenkind sind von den anderen Kindern ermittelte, besonders gelungene Textstellen. Die Kinder sollten benennen können, was das Besondere dieser Textstellen ausmacht.

Zu Beginn einer Schreibkonferenz finden sich die Kinder zur Überarbeitung ihrer Texte in Kleingruppen mit drei bis vier Teilnehmern zusammen. Die Lehrkraft sollte möglichst auf eine leistungsheterogene Zusammensetzung der Gruppen achten. Die einzelnen Schritte des Überarbeitungsverfahrens müssen zunächst im Plenum erläutert werden.
Des Weiteren sollten die einzelnen Arbeitsschritte vor einer ersten eigenen Schreibkonferenz zunächst gemeinsam mit der Lehrkraft als Rollenspiel im Plenum oder mit den einzelnen Kleingruppen im Rahmen von Wochenplan, Förderunterricht o. Ä. durchgeführt werden. Eventuell können die einzelnen Schritte auch an einer „Mustergeschichte" geübt werden.

1. Schritt:
Lesen und sich über das Textverständnis austauschen
Hier geht es um den Text als Ganzes, d. h. seine Verständlichkeit, seine Anschaulichkeit etc. Aufgrund dieses Gesamteindrucks wird deutlich, auf welche Aspekte bei der Satz-für-Satz-Überarbeitung in Schritt zwei besonders geachtet werden muss.

2. Schritt:
Text inhaltlich überarbeiten
Für diesen Schritt sollten möglichst allen Kindern der Kleingruppe Kopien des Textes zur Verfügung gestellt werden. Die Kinder schreiben ihre Überarbeitungsvorschläge an den Rand des Textes. Wenn alle fertig sind, werden die Vorschläge dem Autorenkind vorgetragen. Letztlich entscheidet das Autorenkind selbst, welche Änderungen es vornehmen möchte.

3. Schritt:
Text rechtschriftlich überarbeiten
Erst an dieser Stelle findet die Rechtschreibung Berücksichtigung, da zuvor noch Änderungen am Text vorgenommen werden und das „Fehlerzählen“ nicht zum Mittelpunkt der Textarbeit werden sollte. Hier können Wörterbücher als Hilfe verwendet werden.

In einem zusätzlichen Schritt können die Texte für eine Veröffentlichung aufbereitet werden, indem sie noch einmal sauber abgeschrieben werden, z. B. auf einem Schmuckblatt (siehe Seite 150/151), mit dem Computer geschrieben werden o. Ä. Je nach Schreibsituation können auch die einzelnen Kleingruppen selbst entscheiden, wie sie ihre Texte präsentieren möchten.

Karten als Merkhilfen

Den Kindern können die folgenden Karten als Merkhilfen an die Hand gegeben werden, um das Ritual einer Schreibkonferenz zu festigen. Darüber hinaus benötigen die einzelnen Kleingruppen vermutlich in unterschiedlichem Maße Hilfestellungen. Möglicherweise muss die Lehrkraft erst auf Wortwiederholungen und Mängel im sprachlichen Ausdruck aufmerksam machen.

Schreibkonferenz

1. Schritt: Ein Kind liest seinen Text vor.
Sprecht über den ganzen Text:

- Was erfährt man aus dem Text?
- Was hat euch gefallen?
- Was kann man sich besonders gut vorstellen?

Schreibkonferenz

2. Schritt: Überarbeitet den Text Satz für Satz.

- Passt die Überschrift?
- Überlegt euch Wörter und Sätze, um den Inhalt besser darzustellen.
- Vermeidet Wiederholungen von Wörtern.
- Findet verschiedene Satzanfänge.
- Achtet auf die einheitliche Zeit der Verben.

Schreibkonferenz

3. Schritt: Kontrolliert die Rechtschreibung mit dem Schreibhelfer.

- Achtet auf die Satzzeichen.
- Unterstreicht die Wörter, bei denen ihr euch unsicher seid.
- Schlagt die unterstrichenen Wörter im Wörterbuch nach.
- Verbessert die Fehler.

3 Unterrichtsreihen

1. Unterrichtsreihe: Ritter – Blick in die Vergangenheit

Bausteine:

2. Unterrichtsreihe: Du und ich – von Jungen und Mädchen

Bausteine:

3. Unterrichtsreihe: Fernsehen und durchblicken

Bausteine:

4. Unterrichtsreihe: An meinem Fahrrad ist alles dran

Bausteine:

5. Unterrichtsreihe: Sambia – irgendwo in Afrika

Bausteine:

6. Unterrichtsreihe: Die Zeitungsmacher

Bausteine:

7. Materialien zu Festen und Jahreszeiten

1. Unterrichtsreihe: Ritter – Blick in die Vergangenheit

(ca. 14 Unterrichtsstunden)

Ziele

Mündliches Sprachhandeln

- zu einem Bild erzählen
- anderen zuhören
- einen Text mit eigenen Worten wiedergeben

Rechtschreiben

- Texte in Bezug auf die orthografische Richtigkeit verbessern
- sich über Texte beraten

Umgang mit Texten und Medien

- Texten Informationen entnehmen
- verschiedene Lesestrategien nutzen
- in Büchern recherchieren
- das Wörterbuch nutzen

Sprache reflektieren

- das Mittelhochdeutsche mit der heutigen Sprache vergleichen
- Verben in Vergangenheit und Zukunft setzen
- die wörtliche Rede üben
- über mögliche Veränderungen von Verben reflektieren

Bausteine der Unterrichtsreihe

1. Ein Marktplatz im Mittelalter – Bildbetrachtung und Erzählanlass
2. So könnte es gewesen sein – Sich das Leben im Mittelalter vorstellen
3. Zur Zeit der Ritter – Informierendes Lesen üben
4. Wusstest du schon, dass …? – Ein Buch zum Leben der Ritter anlegen
5. Das Leben der Ritter – Verben in Vergangenheit und Zukunft setzen
6. Allerlei Wissenswertes – Die wörtliche Rede üben
7. Liebesgedichte im Mittelalter – Das Mittelhochdeutsche mit dem Neuhochdeutschen vergleichen

Didaktischer Kommentar

Die meisten Kinder haben eine Vorstellung vom Aussehen und Leben der Ritter, sei es aus Filmen, Büchern oder von Museumsbesuchen. Umso spannender und wichtiger ist es, dieses bereits vorhandene Wissen um weitere Informationen zu ergänzen bzw. mit Sachinformationen zu vergleichen und gegebenenfalls zu verändern.
Die vorliegenden Unterrichtsmaterialien beschäftigen sich auf vielfältige Weise mit dem Leben der Ritter. So werden beispielsweise die Ritterrüstung, der Werdegang eines Jungen zum Ritter oder auch ein Gedicht aus dem Mittelalter betrachtet. Im Sachunterricht können diese Themen um weitere ergänzt werden, z. B. verschiedene Typen von Burgen, Vergleich von Stadt- und Landbevölkerung oder auch die Position der Kirche. Zahlreiche Informationen sind diesbezüglich auch in Kinderbüchern nachzulesen. Wesentlich ist in diesem Zusammenhang, die Bedeutung der historischen Quellen aufzugreifen, um Kindern in Ansätzen zu verdeutlichen, woher wir unsere Kenntnisse über das Rittertum beziehen. So wird auch deutlich, warum einige Fragen nicht beantwortet werden können, da nämlich zu bestimmten Thematiken aussagekräftige Quellen fehlen.
Im Bereich des Deutschunterrichts legen die vorliegenden Bausteine den Schwerpunkt auf das Lesen. Dabei werden in erster Linie verschiedene Lesestrategien geübt: In Baustein 2 findet man Fragen zum Globalverstehen eines Textes, welches dem Leser ermöglicht, sich einen Überblick über die Textinhalte zu verschaffen. Auch das selektive Verstehen wird geübt (Baustein 3), um Fragen durch das Lesen einer passenden Textstelle beantworten zu können. In Ansätzen wird das Detailverstehen berücksichtigt und auf der Wortebene gearbeitet. In Baustein 4 wird das überfliegende Lesen in Ritterbüchern geübt. Der Umgang mit den Zeitstufen Präteritum und Futur I (Baustein 5) findet satz- und textbezogen statt, so dass auch hier das Verstehen des Geschriebenen im Vordergrund steht.
Baustein 6 bietet zunächst die Möglichkeit, das Setzen der Redezeichen bei der wörtlichen Rede zu wiederholen. Im Anschluss wird die wörtliche Rede, die hier aus mehreren Sätzen besteht, betrachtet.
In Baustein 7 untersuchen die Kinder sprachliche Eigenheiten, indem sie die mittelhochdeutsche Sprache mit der heutigen vergleichen.

Bausteine der Unterrichtsreihe

Baustein 1

Ein Marktplatz im Mittelalter – Bildbetrachtung und Erzählanlass

Material:

- M 1, S. 22

Unterrichtsschritte:

- Der Einstieg in das Thema Ritter erfolgt durch einen Erzählanlass. Das Bild (M 1) zeigt eine Situation auf einem Marktplatz im Mittelalter. Dabei bietet sich die Möglichkeit, einzelne Bildpassagen zu beschreiben und bereits vorhandenes Wissen zu aktivieren.
- Im Bild sind Ritter zu sehen, so dass man gezielt zum Rittertum hinleiten kann. Darüber hinaus können folgende Fragen als Impuls dienen:
  - Was zeigt das Bild?
  - Wie ist die Stimmung auf dem Bild?
  - Zu welcher Zeit könnte diese Situation stattgefunden haben?
  - Worin bestehen Unterschiede zur heutigen Zeit?
  - Wo sind Gemeinsamkeiten?

Baustein 2

So könnte es gewesen sein – Sich das Leben im Mittelalter vorstellen

Material:

- M 2–3, S. 23–24
- kleine Pappkarten

Unterrichtsschritte:

- Nach der Bildbetrachtung dient der Lesetext M 2 als weitere Einstimmung auf das Thema Leben im Mittelalter. In Form einer Geschichte werden Erzählung und Information miteinander verbunden. In der anschließenden Auseinandersetzung mit dem Lesetext M 3 geht es auch um das Beantworten von Detailfragen, im Wesentlichen aber sollen sich die Kinder noch intensiver in das damalige Leben hineinversetzen. Dazu vergleichen sie das Leben im Mittelalter mit ihrem eigenen.
- Unbekannte Wörter werden von den Kindern auf Karten notiert.
- Zum Einstieg in das gemeinsame Gespräch wird über die spannenden, aber auch die weniger schönen Seiten des Mittelalters diskutiert. Im Anschluss wird darauf eingegangen, dass das Geschehen in der Geschichte zeitgemäß und realistisch erzählt wird.
- Als weiterer Gesprächsanlass kann der letzte Abschnitt des Lesetextes dienen. Hier wird die Ständezugehörigkeit ansatzweise thematisiert. Um diesen Abschnitt besser diskutieren zu können, kann die Lehrkraft den Kindern an dieser Stelle folgende Informationen geben:

> Jeder Mensch im Mittelalter hatte seinen Platz im Leben und dieser Platz wurde „Stand“ genannt. Ob jemand zum Beispiel Leibeigener, freier Bauer, Kaufmann oder Adliger wurde, war bereits durch seine Geburt festgelegt. Der Sohn eines Bauern konnte nur Bauer werden. Er musste auch so leben wie ein Bauer und durfte nur anziehen, was ein Bauer trug.
> Außerdem gab es eine strenge Rangordnung. An der Spitze eines Landes stand ein Herrscher, das war ein König oder Kaiser. Dann kamen die Herzöge, Fürsten und Bischöfe. Die Bauern und Leibeigenen waren zwar in der Mehrzahl, dennoch bildeten sie den untersten Stand. Sie mussten für ihre Grundherren arbeiten und einen Teil der Ernte abliefern.

- Die Wörter, die die Kinder auf Karten notiert haben, werden an einer gut sichtbaren Stelle im Klassenraum aufgehängt. Ziel ist es, unbekannte Begriffe im weiteren Verlauf der Unterrichtsreihe zu klären.

Baustein 3

Zur Zeit der Ritter – Informierendes Lesen üben

Material:

M 4–7, S. 25–28

Unterrichtsschritte:

- Durch den Lesetext M 4 erhalten die Kinder einen kurzen Überblick über die zeitliche Einordnung des Rittertums und über das Lehnswesen. Vor der Bearbeitung von M 5 werden folgende Fragen zusammen besprochen:
  - Welche Informationen können dem Text entnommen werden?
  - Welche Informationen sind für dich neu?
- Um weitere Lesestrategien zu schulen, aber auch um die gelesenen Informationen zu vertiefen, beantworten die Kinder Fragen und kreuzen eine bzw. mehrere richtige Antworten an. Die Fragen sind so angelegt, dass die Kinder dem Text gezielte Textinformationen entnehmen müssen (selektive Verstehensstrategie). Darüber hinaus arbeiten die Kinder an ihrem Wort-für-Wort-Verständnis und schulen damit ihr Detailverstehen.
- Im Anschluss werden die Bearbeitungen gemeinsam besprochen und die Antworten mit den entsprechenden Textstellen belegt.
- Ebenso wird mit dem Lesetext M 6 und den Fragen auf M 7 verfahren. Bei der Bearbeitung setzen sich die Kinder mit dem Thema der Ritterrüstung auseinander.

Baustein 4

Wusstest du schon, dass...? – Ein Buch zum Leben der Ritter anlegen

Material:

- DIN-A5-Pappkarten
- M 2, S. 23
- M 4, S. 25
- M 6, S. 27
- Sachtexte aus Büchern zum Thema Ritter
- Spiralbindung, Heftstreifen o. Ä.
- Wörterbuch

Unterrichtsschritte:

- Die Kinder legen zusammen ein Buch mit wissenswerten Informationen zum Leben der Ritter an (vgl. auch 2. Klasse, Band 1, S. 128). Die Kinder können die bereits bearbeiteten Sachtexte (M 2,4,6) oder Texte aus Ritterbüchern dafür nutzen.
- Da das Herstellen eines Buches eine Veröffentlichung von Texten darstellt, sollten die Texte zunächst vorgeschrieben werden. Die Kinder können einige Wörter selbst im Wörterbuch nachschlagen. Die verbleibenden Fehler werden von der Lehrkraft verbessert.
- Gemeinsam wird besprochen, wie die Seiten des Buches gestaltet werden können. Von den Kindern angefertigte Seiten werden im Laufe der Arbeit an dem Buch besprochen (Was ist gut/nicht so gut gelungen?, Übersichtlichkeit, Fehler, Hervorhebungen, Schriftgröße etc.)
- Die überarbeitete Fassung schreiben die Kinder auf Pappkarten und malen ein kleines Bild dazu.
- Alle Pappkarten werden zu einem Buch gebunden. Ein oder zwei Kinder können ein Titelblatt anlegen.

Baustein 5

Das Leben der Ritter – Verben in Vergangenheit und die Zukunft setzen

Material:

- M 8–10, S. 29–31
- Wörterbücher

Unterrichtsschritte:

- Bei der Bearbeitung von M 8 lesen die Kinder einen Lückentext und ergänzen diesen durch entsprechende Verbformen in der Vergangenheit. Kinder, die mit der Bearbeitung fertig sind, können sich den Text zur Kontrolle gegenseitig vorlesen.
- Im Anschluss sollten folgende zwei Aspekte reflektiert werden: Zum einen der Unterschied zwischen starken und schwachen Verben (z. B. durch das Anlegen einer Tabelle) und das Thema trennbare Verben, z. B. stattfinden, es findet statt.
- Anhand des Lesetextes M 9 informieren sich die Kinder über die Laufbahn eines Ritters. In Partnerarbeit wiederholen die Kinder mündlich, wie ein Junge zum Ritter wurde. Gegebenenfalls können die Kinder das Gelesene durch weitere Informationen aus Büchern ergänzen.
- Gemeinsam werden die unterschiedlichen Perspektiven der folgenden Aufgabe (M 10) besprochen:
  1. Die Ausbildung zum Pagen hat Karl bereits absolviert. Deshalb wird in der Vergangenheitsform Präteritum geschrieben.
  2. Zurzeit befindet sich Karl in der Ausbildung zum Knappen. Alle Informationen werden im Präsens formuliert.
  3. Die Zeit der Ausbildung zum Ritter steht noch bevor. Aus diesem Grund wird in der Zukunftsform Futur I geschrieben.

  Unterstützend kann zur Veranschaulichung ein Zeitstrahl an die Tafel gezeichnet werden.

Baustein 6

Allerlei Wissenswertes – Die wörtliche Rede üben

Material:

- M 11–13, S. 32–33
- Bücher zum Thema
- OHP-Folie mit Arbeiten der Kinder
- OHP

Unterrichtsschritte:

- Durch die Bearbeitung von M 11 und 12 wiederholen die Kinder das Setzen der Rede- und Satzzeichen bei der wörtlichen Rede.
- Die ersten Sätze von M 13 werden an der Tafel ohne Redezeichen notiert. In diesen Beispielen besteht die wörtliche Rede jeweils aus mehreren Sätzen. Anhand dieser wird das Setzen der Redezeichen erarbeitet.
- Durch die Bearbeitung von M 13 wird das Setzen der Redezeichen vertieft, indem die Kinder u. a. selbst ein kleines Gespräch schreiben.
- Die von den Kindern angefertigten Gespräche werden vorgestellt. Hier bietet es sich an, das Geschriebene der Kinder auf Folie zu kopieren und zu besprechen.
- Neben dem Setzen der Redezeichen kann hier das Wortfeld „sagen“ besprochen werden (vgl. auch 4. Klasse, Band 1, S. 130):

  flüstern, zischen, antworten, erzählen, auffordern, stöhnen, stottern, fragen, meinen, jammern, rufen, schimpfen, vorschlagen, berichten, beschließen, ergänzen.

Baustein 7

Liebesgedichte im Mittelalter – Das Mittelhochdeutsche mit dem Neuhochdeutschen vergleichen

Material:

- M 14, S. 34
- Schmuckblatt
- OHP-Folie
- OHP

Unterrichtsschritte:

- Nachdem die Kinder das mittelhochdeutsche Gedicht (M 14) gelesen haben, setzen sie sich damit auf der sprachlichen Ebene auseinander: Zunächst unterstreichen sie Wörter, deren Bedeutung sie kennen, und im Anschluss solche, deren Übersetzung sich schwierig gestaltet. Durch Beratung mit anderen Kindern oder mit Hilfe der Lehrkraft kann die Übersetzung gefunden werden. Im Folgenden versuchen die Kinder, die Unterschiede zur heutigen Sprache (Neuhochdeutsch) zu formulieren, bevor sie das Gedicht übersetzen und auf ein Schmuckblatt schreiben.
- Im gemeinsamen Gespräch wird die Übersetzung vorgetragen und an der Tafel oder am OHP festgehalten. Dies stellt die Grundlage dar, um Aufgabe 3 reflektieren zu können. Folgende Aspekte können dabei in Ansätzen Gesprächsgegenstand sein:
  - Längenzeichen (Zirkumflexe) über den Vokalen u, i und e
  - generelle Kleinschreibung
  - leicht wiederzuerkennende Wörter, z. B. dû
  - schwer wiederzuerkennende Wörter, z. B. beslozzen
  - **î** wurde zu **ei**, z. B. sîn wurde zu sein (Neuhochdeutsche Diphthongierung)
  - **uo** wurde zu **u**, z. B. muost wurde zu musst (Neuhochdeutsche Monophthongierung)
  - Initiale: Beginn des Textes (der Strophe) mit einem verzierten Großbuchstaben
- Übersetzung des Gedichtes:

> Du bist mein, ich bin dein.
> Dessen sollst du gewiss sein.
> Du bist eingeschlossen
> in meinem Herzen
> verloren ist das Schlüsselchen:
> Du musst immer drinnen sein.

- Lesehinweise:
  - Alle Vokale mit einem Zirkumflex werden lang, alle Vokale ohne Zirkumflex werden kurz gesprochen.
  - **î** wird wie ein **i** gelesen: mîn (min)
  - **z** am Ende eines Wortes wird wie ein **s** gelesen: daz (das)
  - **zz** wird wie **ss** gelesen: belozzen (beslossen)
  - Bei Diphthongen werden beide Vokale gesprochen: m**uo**st, **ou**ch, l**ie**be
- Weitere Informationen für die Lehrkraft:
  - Der klassische Minnesang wurde um 1200 geschrieben. Der Hauptvertreter war Walther von der Vogelweide.
  - Neuhochdeutsche Diphthongierung: **î** wurde zu **ei**; **iu** [ü] wurde zu **eu**; **û** wurde zu **au**;
    Beispiel: mîn niuwes hûs
  - Neuhochdeutsche Monophthongierung: **ie** wurde zu **[i:]**; **uo** wurde zu **[u:]**; **üe** wurde zu **[ü:]**;
    Beispiel: liebe guote grüeze

Lernwörter

die	**Burg**, die Burgen
der	**Burgherr**, die Burgherren
das	**Gespräch**, die Gespräche
der	**Kampf**, die Kämpfe
	kämpfen, er kämpft
die	**Lanze**, die Lanzen
das	**Mittelalter**
der	**Pfeil**, die Pfeile
das	**Pferd**, die Pferde
	reiten, er reitet
der	**Reiter**, die Reiter
der	**Ritter**, die Ritter
	rüsten, er rüstet
die	**Rüstung**, die Rüstungen
	schützen, er schützt
	schwer, schwerer, am schwersten
	sein, er ist
der	**Wassergraben**, die Wassergräben

Möglichkeiten der Lernerfolgskontrolle

Die Bausteine legen den Schwerpunkt auf das Lesen. Die vorliegende Lernerfolgskontrolle (M 15) überprüft das Lesen in Verbindung mit dem Bilden von Verbformen. Im unteren Teil des Arbeitsblattes werden im Besonderen das Bilden der Zeitform Futur I und das Setzen der Redezeichen bei der wörtlichen Rede thematisiert.
Zahlreiche Möglichkeiten, Kinder bezüglich der verschiedenen Lesestrategien einschätzen zu können, finden sich in: Kühn, Peter/Reding, Pierre: Lesekompetenz-Tests für die Klasse 4. Donauwörth: Auer 2005.

Kommentierte Literaturhinweise

Für die Kinder:

- Das große Buch der Burgen. Nürnberg: Tessloff 1995.
  Der Leser erfährt Einzelheiten zum Leben auf einer Burg; so zum Beispiel, was alles zu einer Burg gehörte, was bei einer Belagerung geschah oder wie die Aufteilung einer Burg aussah. Durch die Illustrationen und die unterschiedlich langen Informationstexte in verschiedenen Schriftgrößen bietet sich für die Lesenden die Möglichkeit, je nach Interesse und Lesevermögen auszuwählen.

- O. A.: Das große Ravensburger Buch der Burgen. München: Ravensburger 2002.
  Unterstützt durch viele Zeichnungen wird die Geschichte der Burgen erzählt. Darüber hinaus wird über den Bau und das Leben auf der Burg informiert. Auch werden Ritter erwähnt. Besonders übersichtlich ist eine Zeittafel, die wichtige Ereignisse zeitlich einordnet.

- Holler, Renée: Leselöwen. Abenteuer und Sachgeschichten. Ritterwissen. Bindlach: Loewe 2004.
  Die beiden Kinder Benno und Konrad wollen dabei sein, wenn die Söhne von Kaiser Friedrich zu Rittern geschlagen werden. Jedoch müssen die beiden zuvor noch einen Dieb stellen.
  Fünf spannende Geschichten und zusätzliche Sachseiten bieten viel Wissenswertes rund um das Thema Ritter.

- Lunkenbein, Marilis: Frag mich was, Ritter. Bindlach: Loewe 2004.
  Das großzügig angelegte Buch informiert über das Leben der Ritter. Kurze, einfach geschriebene Texte erzählen über das Ritterleben, so dass sich dieses Buch auch für schwächere Leser zur Selbstlektüre eignet. Die vielfältigen Zeichnungen unterstützen das Gelesene sinnvoll. Zum Ende können die Kinder ihr Wissen zum Thema Ritter prüfen.

- Meißner, Klaus: Die neue Klassenbibliothek. Leben im mittelalterlichen Dorf, Teil 1 und 2. Berlin: Cornelsen 1997.

  Beide Bände zeigen mit ansprechenden Fotos das Leben, wie es im Mittelalter hätte stattfinden können. Gut verständliche Texte geben den Kindern einen Einblick in den Alltag des Mittelalters.

- Monschauer, Winfried: Die neue Klassenbibliothek. Ritter und Burgen. Berlin: Cornelsen 1997.

- Schäffer, Reinhild: Die neue Klassenbibliothek. Leben in der mittelalterlichen Stadt. Berlin: Cornelsen 1999.

- Seidemann, Maria: Gisbert der Klarsichtige. München: Deutscher Taschenbuch Verlag 2003.

  Gisbert, ein tollpatschiger Knappe aus dem Mittelalter, taucht durch ein geheimes Zeitloch bei den beiden Kindern Peggy und Paul in der heutigen Zeit auf. Gisbert würde gerne in seiner Zeit ein ruhmreicher Ritter werden, jedoch ist dies nicht möglich, da er nur sehr schlecht sieht. Aus diesem Grund möchte er erst einmal bei den beiden Geschwistern bleiben.

- Stephan-Kühn, Freya: Viel Spaß im Mittelalter! Würzburg: Arena 1993.

  Die beiden Kinder Barbara und Johannes machen das Leben im Mittelalter erfahrbar. Fotos und Zeichnungen unterstützen den Text und zeigen Originalquellen. Auf ein bis drei Seiten wird jeweils ein Aspekt des Mittelalters aufgegriffen, so dass auch das auszugsweise Lesen gut möglich ist.

Für die Lehrkraft:

- Lassert, Ursula: Die Menschen damals im Mittelalter. Donauwörth: Auer 2003.

  Die Kopiervorlagen thematisieren auf vielfältige Weise den mittelalterlichen Alltag mit Themen wie Arbeit, Essen und Kleidung. Sie sind so angelegt, dass sich jedes Kind ein persönliches Buch zum Mittelalter anlegen kann.

Name: Datum: **M 1**

Ein Blick ins Mittelalter – So könnte es gewesen sein

Im Osten wird es langsam hell und im Nebenraum werden die Tiere schon unruhig. Hannes schiebt den Strohsack zur Seite und schubst seinen jüngeren Bruder Karl an, der neben ihm auf der Pritsche liegt. Aus der anderen Ecke des Raumes hört er das Gähnen des Vaters, die Mutter ist sicher schon draußen, vielleicht holt sie Holz für die Feuerstelle.
Hannes zieht sich den grauen Kittelrock über das Hemd. Die wollene Hose und die geschnitzten Holzschuhe hat er noch nicht lange. Verschlafen schlurft er über den gestampften Lehmboden nach draußen, er muss erst einmal zum Misthaufen …
Der kleine Karl muss heute die Ziegen allein auf die Dorfwiese bringen, denn Hannes soll dem Vater beim Pflügen helfen. Ganz wohl ist Hannes dabei nicht, denn der Vater kann sehr streng sein! Sicherlich hat er auch keine allzu gute Laune, denn gestern musste er bis spät abends für den Grundherrn arbeiten. Zusammen mit den anderen Bauern hat er Holzstämme aus dem Wald gezogen.
Während der Vater den Pflug in die Erde drückt, treibt Hannes mit Rufen und Stockschlägen die Tiere an. Außerdem sammelt er verdorrte Wurzeln und größere Steine auf, die er zum Ackerrand trägt.
Da sieht er in der Ferne eine größere Reitergruppe. Ihre bunten Wimpel leuchten und in der Sonne blinkt Metall. Das ist die Burgbesatzung auf dem Weg zum Grundherrn!
Ach, hätte er doch auch so schöne bunte Kleider! Und wie gerne würde er auf der Burg seinen Dienst verrichten! Warum erlaubt das der Grundherr nicht? Als er den Vater fragt, gibt der ihm nur eine kräftige Kopfnuss: „Junge, dein Platz ist hinter dem Pflug!"

Fragen zum Text „Ein Blick ins Mittelalter – So könnte es gewesen sein“

1. Was findest du an dem Leben im Mittelalter besonders interessant?

2. Wie unterscheidet sich das damalige Leben von unserem heutigen?

3. Was war am Leben im Mittelalter nicht so schön?

4. Warum steht in der Überschrift wohl „So könnte es gewesen sein“?

5. Schreibe die Wörter auf Karten, deren Bedeutung du nicht kennst.

Name: Datum: **M 4**

Zur Zeit der Ritter

Ritter lebten in einer schon längst vergangenen Zeit. Diese Zeit wird Mittelalter genannt. Man kann den Anfang und das Ende des Mittelalters nicht genau festlegen. Ungefähr begann es 500 nach Christus und endete um 1500 nach Christus.
Das Zeitalter vorher wird Altertum oder auch Antike genannt, das Zeitalter danach Neuzeit.

Schreibe die entsprechenden Zeitalter unter die Zeitleiste.

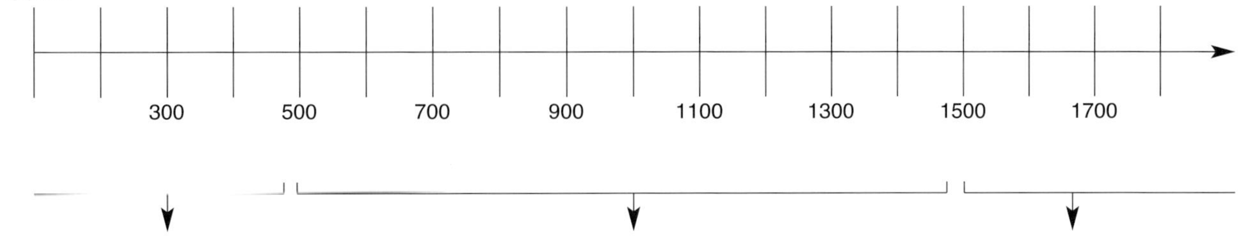

______________________ ______________________ ______________________

Ursprünglich wurde unter einem „riter“ ein Reiter oder ein reitender Krieger verstanden. Erst später, ungefähr ab dem Jahre 1200, wandelte sich der Begriff Ritter zu dem, was wir heute darunter verstehen: ein vornehmer Reiterkrieger.
Dieser war unter anderem an seiner Ritterkleidung, seinem Schwert, seinem Helm und natürlich an seinem Pferd zu erkennen.
Diese Ausrüstung kostete schon damals sehr viel. So entstanden für einen Ritter Kosten im Wert von 45 Kühen. Diese Kosten konnte der Ritter selbst nicht aufbringen. Deshalb erhielt er von einem mächtigen Mann mit Besitz und Geld ein großes Stück Bauernland mit Gutshof, Vieh und Mühlen. Mit diesem Besitz, das „Lehen“ genannt wurde, konnte der Ritter Geld erwirtschaften und damit unter anderem die Ritterausrüstung bezahlen.
Der Ritter musste für seinen Geldgeber, den „Lehnsherrn“, natürlich auch etwas als Gegenleistung erbringen. Er versprach, ihm immer mit Rat und Hilfe beizustehen. So musste er zum Beispiel seinem Lehnsherrn im Falle eines Krieges mit seinen Diensten zur Verfügung stehen.

Fragen zum Text „Zur Zeit der Ritter“

1. Wie wird das Zeitalter um 1400 nach Christus genannt?

☐ Mittelalter
☐ Neuzeit
☐ Altertum

2. Welche Aussagen sind richtig?

☐ Das Mittelalter begann genau im Jahre 500 nach Christus.
☐ Den genauen Zeitraum des Mittelalters kann man nicht benennen.
☐ Das Mittelalter endete ungefähr 1500 vor Christus.
☐ Das Zeitalter der Antike wird auch Altertum genannt.

3. Woran war ein Ritter zu erkennen?

Nenne drei Beispiele.

– ______________________________

– ______________________________

– ______________________________

4. Was versteht man unter einem „Lehen“?

☐ Den gesamten Besitz eines Lehnsherrn.
☐ Den Besitz, den der Lehnsherr vom Ritter bekam.
☐ Den Besitz, den der Ritter von dem Lehnsherrn bekam.

5. Was versteht man unter „erwirtschaften“?

☐ einkaufen
☐ verdienen
☐ verkaufen

6. Ergänze folgenden Satz:

Der Ritter stand dem Lehnsherrn im Krieg ______________________________

____

Bergedorfer Grundschulpraxis: Deutsch – 4. Klasse, Band 2

Die Ritterrüstung

Die Rüstungen von Rittern waren äußerst vielfältig. Im Laufe der Jahre entwickelten sich die Rüstungen immer weiter.
Die ersten Ritter schützten sich im Kampf mit einem Kettenhemd, das vom Kopf bis zu den Knien reichte. Dieses bestand aus vielen Eisenringen, die miteinander verbunden waren.
Es wog etwa 9 bis 14 Kilogramm. Dazu trugen sie Strümpfe, die aus dem gleichen Material hergestellt wurden. Seinen Kopf schützte ein Ritter mit einem Helm, der einen angeschmiedeten Nasenschutz hatte.

Da das Kettenhemd gegen fliegende Pfeile, Lanzenstiche und Armbrustbolzen nicht ausreichend schützen konnte, zogen die Ritter mit der Zeit über das Kettenhemd einen Brustpanzer. Nach und nach wurde die Rüstung um weitere Eisenplatten ergänzt, die wichtige Körperpartien schützten.

Ende des 14. Jahrhunderts trugen die Ritter eine vollständige Plattenrüstung. Dazu gehörte auch ein Helm, der geschlossen war und durch ein Visier vor dem Gesicht geöffnet werden konnte.

Die Rüstung selbst bestand aus vielen Einzelteilen:

Schulterschutz, Brustpanzer, Lederriemen, Armschiene, Panzerhandschuh, Kettenhemd, Schenkelschutz, Beinschiene, Ellbogenkappe und Kniebuckel. Alle Teile zusammen wogen bis zu 30 Kilogramm. Ein Ritter brauchte zum Anlegen der Rüstung die Hilfe seines Knappen. Das Anlegen konnte eine Stunde lang dauern. Auch beim Aufsteigen auf das Pferd musste der Knappe seinem Ritter helfen.

Name: Datum: **M 7**

Fragen zum Text „Die Ritterrüstung“

1. Womit schützten sich die ersten Ritter?

2. Vergleiche die Rüstung der ersten Ritter mit der Plattenrüstung des 14. Jahrhunderts.

a) Die Rüstung der ersten Ritter hatte den Vorteil, dass

b) Die Plattenrüstung hatte den Vorteil, dass

3. Beschrifte die Einzelteile der Plattenrüstung.

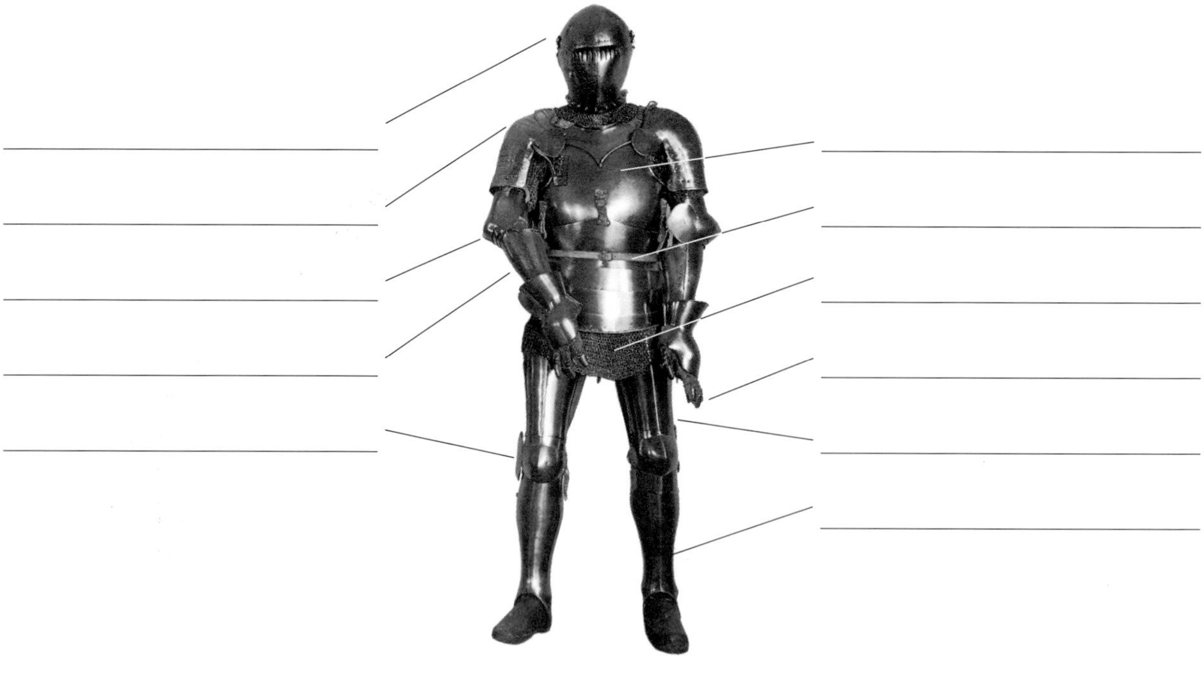

Bergedorfer Grundschulpraxis: Deutsch – 4. Klasse, Band 2

Name: Datum: **M 8**

Das Turnier

Setze die Verben in der Vergangenheitsform Präteritum ein.
Schaue schwierige Verben im Wörterbuch nach.

Zur Zeit der Ritter ___konnten___ *(können)* die Ritter ihre Geschicklichkeit im Waffenhandwerk und ihren Mut mit anderen Rittern vergleichen. Die Teilnahme an einem Turnier ____________ *(sein)* für einen Ritter ein Vergnügen.

Darüber hinaus ____________ *(bedeuten)* es eine große Ehre.

Im Mittelalter ____________ *(geben)* es drei verschiedene Arten von Turnieren: *Buhurt*, *Tjost* und *Turnei*.

Der Buhurt ____________ *(sein)* ein Kampf, in dem zwei gleich große Heerhaufen gegeneinander ____________ *(kämpfen)*. Wegen der hohen Teilnehmerzahl ____________ *(stattfinden)* dieses Turnier auf Lichtungen, Wiesen und in Wäldern ____________. Es ____________ *(werden)* mit stumpfen Waffen gekämpft, ansonsten ____________ *(zugehen)* es genauso wie im Krieg ____________.

Im Tjost ____________ *(kämpfen)* zwei Ritter mit Lanzen gegeneinander. Sie ____________ *(reiten)* aufeinander zu und ____________ *(versuchen)*, den jeweils anderen Ritter vom Pferd zu stoßen. ____________ *(gehen)* das Gefecht auf dem Boden weiter, so ____________ *(einsetzen)* die beiden Ritter das Schwert ____________.

Im Turnei ____________ *(antreten)* zwei Gruppen auf einem kleinen Turnierfeld gegeneinander ____________. Das Ziel ____________ *(bestehen)* darin, möglichst viele Gegner vom Pferd zu werfen. Beim Kampf ____________ *(benutzen)* die Ritter stumpfe Waffen.

Name: Datum: **M 9**

Die Ritterlaufbahn

Mit sieben Jahren beginnt die Ausbildung zum Ritter. Dazu geht der Junge zu einem Verwandten auf eine Burg und wird dort „Page". Er bedient den Burgherrn, hilft in den Ställen und in der Küche. Zudem lernt der Page Reiten, Fechten und Lanzenstechen.

Mit 14 Jahren wird er Knappe bei einem Ritter. Diesem hilft er zum Beispiel in die Rüstung und in den Sattel. Zudem übt der Knappe auch die verschiedenen Kampftechniken. So muss er den Kampf mit dem Schwert lernen. Seine Ausbilder legen dabei großen Wert darauf, dass der Knappe seine Waffen mit beiden Händen benutzen kann.

Mit 21 Jahren steigt ein guter Knappe zum Ritter auf. Dies geschieht mit einem Ritterschlag. Als Zeichen der Ritterwürde überreicht man dem Ritter ein Schwert. Zudem legt man ihm Sporen an.

Karls Ritterlaufbahn

Karl ist 14 Jahre alt und zurzeit in der Ausbildung zum Knappen. Schreibe auf, wie Karl wohl seine Ritterlaufbahn beschrieben hätte.

Meine Ritterlaufbahn

Mit sieben Jahren begann meine Ausbildung zum Ritter. Dazu ging ich …

Jetzt bin ich 14 Jahre alt und Knappe bei einem Ritter. Diesem helfe ich …

Mit 21 Jahren werde ich zum Ritter aufsteigen. Dies wird …

Name: Datum: **M 11**

Wappen im Mittelalter

1 *Ergänze die Redezeichen und Satzzeichen.*

Nele fragt Wie sah so ein Wappen aus dem
Mittelalter aus
Es bestand aus einem Bild antwortet Jonas
Klaus erklärt Jedes Bild hatte eine Bedeutung
Waren denn auch die Farben von Bedeutung fragt
Nele nach
Klaus antwortet Ja, die Farbe Rot stand zum Beispiel für Tapferkeit
Und die Farbe Grün war ein Zeichen der Fröhlichkeit ergänzt Jonas

2 *Schreibe das Gespräch ab.*

Name: Datum: **M 12**

Das Festmahl im Mittelalter

Klaus Nele Jonas

Ergänze die Redezeichen und Satzzeichen.
Schreibe einen passenden Redebegleitsatz.

 ____________________ Was hat man damals zum Essen getrunken

 Zum Essen trank man Wein ____________________

 Wurde denn früher von silbernen Tellern gegessen ____________________

 ____________________ Ja, auch von goldenen Tellern

 Jedoch aßen nur die Ehrengäste von diesen ____________________

 ____________________ Das ist ja verrückt

Bergedorfer Grundschulpraxis: Deutsch – 4. Klasse, Band 2

Name: Datum: **M 13**

Wörtliche Rede

Luca sagt: „Ich habe eine Frage. Wusste man im Mittelalter, welcher Ritter in der Rüstung steckte?“

„Bestimmt nicht! Woher denn?“, bemerkt Tim.

Carina ruft: „Doch! Man konnte es an ihrem Wappen auf dem Helm erkennen.“

Besteht die wörtliche Rede aus **mehreren Sätzen**, so werden diese nur **einmal** durch **Anführungszeichen** markiert.

Beispiel:
Jens ruft: „Hallo! Ist da jemand? Kann mich jemand hören?“

1 *Setze die fehlenden Redezeichen.*

Wohin kam im Mittelalter eigentlich der Müll Es gab doch noch keine Müllabfuhr fragt Luca.
Das kann ich dir sagen Das habe ich gestern gelesen Der Müll wurde einfach auf die Straße geworfen antwortet Tim
Carina ruft daraufhin Das finde ich aber eklig Da muss es in der ganzen Stadt aber sehr gestunken haben.
Tim ergänzt Dadurch entstanden auch viele Krankheiten.

2 *Schreibe ein eigenes kleines Gespräch.*

Liebesgedichte im Mittelalter

Die Liebesgedichte im Mittelalter nennt man Minnesang (Minne = Liebe). Wahrscheinlich wurden sie von Sängern einem adeligen Publikum vorgetragen. Die Sprache dieser mittelalterlichen Lieder klingt ein wenig anders als unser heutiges Deutsch. Auch die Schreibung weist Unterschiede auf. Die Sprache, in der im Mittelalter gesprochen und geschrieben wurde, heißt *Mittelhochdeutsch*.

1 *Dies ist ein solches Liebesgedicht aus dem 12. Jahrhundert.
Versuche einmal, es zu lesen.*

Dû bist mîn, ich bin dîn.
des solt dû gewis sîn.
dû bist beslozzen
in mînem herzen
verlorn ist daz sluzzelîn:
dû muost ouch immêr darinne sîn.

2 *Unterstreiche die Wörter grün, deren Bedeutung du direkt erkennst.*

3 *Unterstreiche die Wörter rot, die schwierig zu übersetzen sind.*

4 *Vergleiche die mittelhochdeutsche mit unserer Sprache.
Was hat sich verändert?*

____

____

____

____

5 *Übersetze das Gedicht in die heutige Sprache und schreibe es auf.*

Bergedorfer Grundschulpraxis: Deutsch – 4. Klasse, Band 2

Name: Datum: **M 15** 

Das Leben auf einer Burg

1 *Setze die Verben in der Vergangenheitsform Präteritum ein.*

Burgen ___waren___ *(sein)* schon damals mächtige Bauwerke. Meist ______________ *(bauen)* man sie auf einer Anhöhe. Es ______________ *(geben)* aber auch Wasserburgen, um die ein breiter Wassergraben ______________ *(liegen)*. Auf der Burg ______________ *(leben)* der Burgherr und seine Familie. Auch die Bediensteten ______________ *(wohnen)* und ______________ *(schlafen)* dort.

Das Leben auf einer Burg ______________ *(sein)* auch bei wohlhabenden Menschen nicht sehr bequem. Kaum ein Zimmer ______________ *(können)* im Winter beheizt werden.

2 *Unterstreiche die Verben und schreibe die Sätze in der Zukunft auf.*

a) Mit 21 Jahren reite ich ein großes Pferd.

____

____

b) Ich wohne auf einer Burg.

____

c) Dann bin ich ein richtiger Ritter.

____

3 *Setze die Redezeichen und die Satzzeichen.*

a) Anne fragt Woraus baute man die Türme der Burgen

b) Sie wurden aus Steinen gebaut antwortet Carla

c) Ich würde auch gerne mal auf einer Burg wohnen Das ist bestimmt sehr spannend schwärmt Anne

2. Unterrichtsreihe: Du und ich – von Jungen und Mädchen

(ca. 12–14 Unterrichtsstunden)

Ziele

Mündliches Sprachhandeln

- auf Gesprächsbeiträge eingehen und sie weiterführen
- miteinander diskutieren

Schriftliches Sprachhandeln

- eine Wortfamilie zum Begriff Liebe erstellen
- ein Analogiegedicht verfassen
- sich über Texte beraten
- Vermutungen über die Wirkung von Briefen anstellen
- einen Geschichtenanfang weiterschreiben
- einen Comic erstellen und veröffentlichen

Rechtschreiben

- das Wörterbuch nutzen

Umgang mit Texten und Medien

- Textbelege zitieren
- genaues Lesen üben
- einen Text gliedern

Sprache reflektieren

- sich über Gesprächserfahrungen in verschiedenen Situationen verständigen
- Nachsilben zur Unterscheidung von Wortarten nutzen

Bausteine der Unterrichtsreihe

1. Liebe – Eine Wortfamilie zum Begriff Liebe erstellen
2. Liebe schmeckt wie … – Zum Gefühl Liebe malen und schreiben
3. „Sesam, öffne dich" – Sich in eine Geschichte hineindenken und Fragen zu dieser beantworten
4. Das Geburtstagsfest – Einen Geschichtenanfang weiterschreiben und dazu einen Comic zeichnen
5. Weißt du schon, dass …? – Zu vorgegebenen Situationen einen Brief schreiben
6. Getrennter Unterricht von Mädchen und Jungen? – Zwei Texte parallel lesen
7. Getrennter Unterricht von Mädchen und Jungen? – Eine Diskussion führen
8. Wörter mit vorgegebenen Nachsilben suchen

Didaktischer Kommentar

Mit zunehmendem Alter ergeben sich für Kinder im Bereich Liebe und Sexualität neue bzw. vertiefende Fragen, die auch die eigenen Gefühle betreffen. Nicht immer werden diese vom Umfeld zufriedenstellend aufgegriffen und beantwortet.
Eine Aufgabe der Schule besteht daher darin, Kindern eine pädagogisch sinnvolle Sexualerziehung zu ermöglichen. Dazu gehört im vierten Schuljahr die Auseinandersetzung mit Zeugung und Geburt, die Erweiterung der Kenntnisse über die eigene Entwicklung, aber auch das Nachdenken über Liebe und Sexualität. Der Schwerpunkt der vorliegenden Bausteine liegt auf letzterem Aspekt.
Der Einstieg in dieses Thema erfolgt neben dem Erstellen einer Wortfamilie zum Begriff Liebe (Baustein 1) über das Malen und Schreiben zu Gefühlen (Baustein 2). Den Kindern wird dazu insbesondere die Textform *Gedicht* angeboten. Fortgesetzt wird dies in Baustein 5, in dem die Kinder eine weitere Textsorte – den *Brief* – als Medium zum Sichtbarmachen ihrer Gefühle nutzen. In Baustein 3 bietet die Geschichte „Sesam öffne dich“ einen Anlass, über die Gefühle anderer Menschen nachzudenken. Die Lesetexte werden den Kindern in Form einer Lesetheke angeboten: Die Blätter liegen der Reihe nach auf einem Tisch aus. Ergänzend können dort Gegenstände ausliegen, die zur Geschichte passen. Bezogen auf die Lernziele des Deutschunterrichts besteht hier der Schwerpunkt in der Verbindung von genießendem und informierendem Lesen. Zudem wird das nachvollziehbare Aufschreiben eigener Erlebnisse, Gedanken und Gefühle trainiert. Baustein 4 bietet zunächst die Möglichkeit, eine Geschichte weiterzuschreiben, um im Anschluss einen Comic daraus zu erstellen. Voraussetzung dafür ist zunächst, dass die Kinder den Text so unterteilen, dass ihnen einzelne, gut zu zeichnende Sequenzen zur Verfügung stehen. In Baustein 6 üben die Kinder das parallele Lesen zweier Texte und sie vergegenwärtigen sich verschiedene Lesestrategien. Der gelesene Text stellt gleichzeitig einen Diskussionsanlass bezüglich des getrennten Unterrichts von Mädchen und Jungen dar.
Baustein 7 behandelt die vertiefende Auseinandersetzung mit Nachsilben, die entweder bei den Wortarten *Nomen* oder *Adjektiv* auftauchen.

Bausteine der Unterrichtsreihe

Baustein 1 – Liebe – Eine Wortfamilie zum Begriff Liebe erstellen

Material:

- kleine Karten

Unterrichtsschritte:

- Als Einstieg in das Thema arbeiten die Kinder in Kleingruppen zur Wortfamilie des Begriffs Liebe. Alle Begriffe werden auf kleinen Karten notiert.
- Parallel dazu werden in dieser Arbeitsphase Begriffe zur Wortfamilie Liebe auch an einer Seite der Tafel gesammelt: Eine Kleingruppe beginnt, einen ihrer gefunden Begriffe an die Tafel zu schreiben, und reicht die Kreide an die nächste Gruppe weiter.
- Gruppen, die das Sammeln von Begriffen beendet haben, erhalten den Auftrag, diese nach eigenen Kriterien zu sortieren, z. B. nach Kosenamen, nach angenehmen und nicht angenehmen Gefühlen oder auch nach Wortarten.
- Die Kategorien werden im Plenum vorgestellt. Anhand des Ordnungssystems einer Kleingruppe werden die Wörter an der Tafel (z. B. in einer Tabelle) sortiert.

  Beispiele aus der Wortfamilie Liebe:

  verlieben, beliebt, Liebling, Liebesbrief, lieblich, Liebesheirat, Liebesgedicht, liebevoll, lieblos, Liebchen, Liebste, Liebster, Liebelei, liebäugeln, Liebende, liebenswürdig, Liebeserklärung, Liebesfilm, Liebesmüh, Liebeskummer, Liebeslied, Liebesroman, Liebeszauber, liebkosen
- Neben der Arbeit zur Wortfamilie kann das Wort Liebe in andere Sprachen übersetzt werden. Die Übersetzungen können gesammelt und eventuell auf einem Plakat ausgestellt werden.

Baustein 2

Liebe schmeckt wie ... – Zum Gefühl Liebe malen und schreiben

Material:

- Wasserfarben, Pinsel
- Zeichenblock DIN A3
- M 1 als Folie oder auf DIN A3 kopiert, S. 44
- M 2, S. 44
- Wörterbuch
- Schmuckblatt
- Papier

Unterrichtsschritte:

- Mit Wasserfarben malen die Kinder ein Bild zum Gefühl Liebe. Folgende Fragen dienen dabei (an der Tafel notiert) als Impulse:
  - Welche Farbe hat Liebe?
  - Wie schmeckt Liebe?
  - Wie riecht Liebe?
  - Wie sieht Liebe aus?
  - Wie hört sich Liebe an?
  - Wie fühlt sich Liebe an?
- Kinder, die ihr Bild gerne vorstellen möchten, hängen es an die Tafel, so dass sich die Klasse dazu äußern kann. Ein Schwerpunkt dieses Gesprächs ist, welche Frage(n) dieses Bild beantworten möchte bzw. welcher Aspekt der Liebe dargestellt ist.
- Die Kinder betrachten das Gedicht „Freude“ (M 1), das von einem 9-jährigen Jungen geschrieben wurde. Sie äußern sich dazu. Unter anderem soll darauf eingegangen werden, dass das Gedicht die oben genannten Fragen für das Gefühl Freude beantwortet.
- Mit Hilfe der bereits bekannten Fragen schreiben die Kinder ein Gedicht (M 2), welches ebenso wie jenes aus M 1 aufgebaut ist. Kinder, die fertig sind, stellen sich gegenseitig ihr Gedicht vor und geben sich eine Rückmeldung. Dabei soll der Schwerpunkt darauf liegen, welcher Vers des Gedichts ihnen besonders gut gefällt.
- Nachdem die Gedichte rechtschriftlich mit dem Wörterbuch und mit der Hilfe der Lehrkraft überarbeitet wurden, werden sie erneut aufgeschrieben. Dabei ist es den Kindern freigestellt, ob sie ein Schmuckblatt benutzen möchten oder ihr Blatt frei gestalten. Tipps zur äußeren Gestaltung des Geschriebenen können untereinander ausgetauscht werden.
- Die fertigen Gedichte werden zum Beispiel als Wandzeitung präsentiert.

Baustein 3

„Sesam, öffne dich“ – Sich in eine Geschichte hineindenken und Fragen zu dieser beantworten

Material:

- M 3–14, S. 45–50
- Heftstreifen für alle Kinder

Unterrichtsschritte:

- Die Lehrkraft erläutert das kommende Vorhaben:
  Alle Kinder erhalten einen Heftstreifen, auf den die Titelseite (M 3) und die ersten Bearbeitungshinweise (M 4) geheftet werden. Alle Kinder werden dazu angehalten, über den Titel des Buches „Sesam, öffne dich“ und den weiteren Verlauf des Buches nachzudenken. Beim Zusammentragen der Vermutungen sollte auf das Märchen „Ali Baba und die vierzig Räuber“ eingegangen werden, in dem der Spruch „Sesam, öffne dich“ eine zentrale Rolle spielt.
- Die weiteren Lesetexte zur Geschichte „Sesam, öffne dich“ und entsprechende Bearbeitungshinweise (M 5–14) liegen in Form einer Lesetheke nebeneinander aus. Immer, wenn die Kinder eine Seite gelesen oder bearbeitet haben, können sie sich die nächste nehmen und diese an ihr bereits vorhandenes Heft heften. Dafür ist es wichtig, dass die Blätter so abgeheftet sind, dass das Heft nach hinten erweiterbar ist.
  So lesen die Kinder nach und nach die Geschichte und bearbeiten die dazugehörenden Aufgaben. Indem sie beispielsweise über vergleichbare Situationen in ihrem Leben nachdenken, beschäftigen die Kinder sich intensiv mit dem Gelesenen.
  Die Arbeitsblätter zur Geschichte können auf mehrere Unterrichtsstunden verteilt behandelt oder auch an einem Stück gelesen und bearbeitet werden. In beiden Fällen können die Kinder gemäß ihrem eigenen Lerntempo arbeiten.
- Kinder, die fertig sind, können
  - die Geschichte nochmals lesen,
  - das Buch und die Bearbeitungen eines anderen Kindes lesen,
  - die Titelseite gestalten,
  - eine Bewertung der Überschrift schreiben.
- Im Plenum werden einzelne Bearbeitungen vorgestellt. Hierfür bieten sich insbesondere M 4 und M 14 an.

Baustein 4

Das Geburtstagsfest – Einen Geschichtenanfang weiterschreiben und dazu einen Comic zeichnen

Material:

- M 15, S. 51
- diverse Comics (als Beispiele)
- Zettelblock
- Papier DIN A4 und DIN A3

Unterrichtsschritte:

- Die Kinder lesen den Anfang der Geschichte „Das Geburtstagsfest“ (M 15), überlegen sich eine Fortsetzung und halten diese stichpunktartig fest.
- Die Fortsetzung zeichnen die Kinder in einzelnen Szenen im Comic-Stil. Dafür ist es hilfreich, wenn sich die Kinder (z. B. in Form einer vorangegangenen Hausaufgabe) mit den Charakteristika eines Comics beschäf-

tigen und ein Beispiel als Anschauungsmaterial mit in die Schule bringen. Ebenso kann eine Comic-Lesezeit vorangehen.

- Die typischen Merkmale eines Comics werden gemeinsam besprochen und festgehalten.
  Charakteristika eines Comics sind zum Beispiel:
  - Sprech- und Denkblasen
  - Zeichnungen, Bildfolgen
  - Zeichnungen, die Gefühle verdeutlichen (z. B. Herzchen steht für Verliebtsein, Sterne für Schmerzen oder in Ohnmacht fallen, Glühbirne für plötzlichen Einfall, großes Fragezeichen für keinen Einfall)
  - Geräusche werden verschriftlicht
  - kurze Einleitungssätze (z. B. Kurz darauf …)
- Die Kinder zeichnen die einzelnen Comicbilder auf Blätter eines Zettelblocks.
- Die Comicbilder werden je nach Anzahl auf DIN-A4- oder DIN-A3-Blätter geklebt.
- In einem Rundgang können sich die Kinder einen ersten Überblick über die Werke der anderen verschaffen. In einer gemeinsamen Runde werden gut gelungene Aspekte der verschiedenen Arbeiten besprochen.
- Die Comicgeschichten werden ausgehängt.

Baustein 5

Weißt du schon, dass …? – Zu vorgegebenen Situationen einen Brief schreiben

Material:

- M 16, S. 52
- weißes und farbiges Papier
- Briefumschläge für jedes Kind

Unterrichtsschritte:

- Im Plenum überlegen die Kinder zunächst, zu welchen Anlässen Briefe geschrieben werden.
- Zu einer von acht vorgegebenen Situationen (M 16) schreiben die Kinder einen Brief. In diesem entschuldigen sie sich beispielsweise oder informieren einen anderen Menschen über ihre Gefühle. Die Kinder können ihren Brief vorschreiben. Ihnen ist freigestellt, auf welches Papier sie schreiben. Jedem Kind steht ein Briefumschlag zur Verfügung.
- Einzelne Situationen werden gemeinsam mit den Briefen vorgestellt. Die Kinder geben sich eine Rückmeldung bezüglich des Gehörten. Unter anderem soll darauf eingegangen werden, wie der Adressat wohl auf den Brief reagieren wird.
- Nachdem einige Briefe vorgelesen wurden, wird festgehalten, woran die Textsorte Brief zu erkennen ist bzw. aus welchen Bestandteilen ein Brief bestehen kann. Die einzelnen Punkte werden an der Tafel notiert:
  - Briefumschlag mit Adressat und Absender
  - Ort und Datum
  - Anrede
  - Gruß
  - Unterschrift

  Die Bestandteile werden für die kommende Hausaufgabe aufgeschrieben.
- In der Schule werden die Briefe unter den Kindern ausgetauscht, so dass jedes Kind zu Hause auf einen Brief antworten kann.
- Diese Briefe werden in der nächsten Unterrichtseinheit vorgestellt.
- Im Anschluss kann ein vertiefendes Gespräch stattfinden, in dem die Kinder darüber berichten, ob sie vergleichbare Situationen kennen und wie sie Gespräche oder Schriftwechsel mit ihrem Gegenüber erlebt haben. In diesem Zusammenhang kann auch thematisiert werden, dass in Problemsituationen ein Brief meist einem Gespräch vorausgeht, es aber nicht ersetzt.

Baustein 6

Getrennter Unterricht von Mädchen und Jungen? – Zwei Texte parallel lesen

Material:

- M 17, S. 53

Unterrichtsschritte:

- Der Text „Getrennter Unterricht“ liegt den Kindern auf dem Arbeitsblatt M 17 im Original (Text 1) und in einer Fassung mit Fehlern vor (Text 2). Die sechs Fehler bestehen darin, dass einzelne Wörter ausgetauscht wurden. Daher bietet sich bei diesen Texten die Lesetechnik des parallelen Lesens an.
- Die Antwort auf die Frage 2, die sich auf die Art des Lesens bezieht, wird im Anschluss gemeinsam reflektiert. Die verschiedenen Lesetechniken werden gesammelt und können um solche ergänzt werden, die für diese Bearbeitung nicht vonnöten waren. Gleichermaßen wird festgehalten, wann welche Lesetechnik effektiv ist.

Baustein 7

Getrennter Unterricht von Mädchen und Jungen? – Eine Diskussion führen

Material:

- M 17, S. 53
- Karten mit den Begriffen „Vorteile“ und „Nachteile“

Unterrichtsschritte:

- Die Lehrkraft liest den Kindern noch einmal das Original des Textes „Getrennter Unterricht“ (M 17) vor. Im Anschluss legt sie Karten mit den Begriffen „Vorteile“ und „Nachteile“ aus.
- Die Kinder führen eine Diskussion zum Thema getrennter Unterricht.
- Zum Abschluss wird darauf eingegangen, dass es zu diesem Thema keine einheitliche Meinung gibt und sich jeder seine eigene Meinung bilden muss.

Baustein 8

Wörter mit vorgegebenen Nachsilben suchen

Material:

- Wörter-, Sach- und Lesebücher

Unterrichtsschritte:

- Die Kinder schreiben von der Tafel eine vorgegebene Tabelle ab (siehe unten). Sie erhalten die Aufgabe, Wörter mit diesen Nachsilben zu suchen. Als Suchhilfe dienen Wörter-, Sach- und Lesebücher.

-ung	-heit	-keit	-nis	-schaft
…	…	…	…	…

- Im Anschluss werden einige Wörter an der Tafel gesammelt. Dabei sollte den Kindern auffallen, dass es sich ausschließlich um Nomen handelt.
- Als Hausaufgabe wird zu jedem Nomen ein entsprechendes Verb und/oder Adjektiv geschrieben.

  Beispiele:

  die Hoffnung, hoffen
  die Freiheit, frei, frei sein
  die Übelkeit, übel
  die Finsternis, finster
  die Freundschaft, der Freund, freundlich
- Ebenso wird in einer weiteren Unterrichtseinheit mit folgenden Nachsilben verfahren:

-ig	**-lich**	**-isch**
…	…	…

- Beim Sammeln an der Tafel kann entdeckt werden, dass es sich jeweils um Adjektive handelt, die aus einem Nomen gebildet werden können.
- Dies wird in einer Hausaufgabe vertieft (vgl. oben):
  hungrig, der Hunger
  freundlich, der Freund
  neidisch, der Neid

Information für die Lehrkraft:

Der Begriff „Nachsilbe“ ist zwar geläufig, kann aber für die Kinder verwirrend wirken, da es sich dabei nicht immer um Sprecheinheiten wie bei Silben handelt. So ist zwar *-lich* eine Silbe, *-ung* dagegen aber nicht. Die Zerlegung eines Wortes nach Silben und nach Wortteilen (u. a. Nachsilben) kann unterschiedlich aussehen:

Zerlegung in Silben: Hoff-nung, Rich-te-rin, rich-tig
Zerlegung in Wortteile: Hoffn-ung, Richt-er-in, richt-ig

Lernwörter

der	**Charakter**
sich	**entschuldigen**, er entschuldigt sich
die	**Entschuldigung**, die Entschuldigungen
die	**Freundschaft**, die Freundschaften
	freundlich, freundlicher, am freundlichsten
das	**Geschenkpapier**, die Geschenkpapiere
	glücklich, glücklicher, am glücklichsten
	hässlich, hässlicher, am hässlichsten
das	**Herzklopfen**
	musikalisch, musikalischer, am musikalischsten
	neidisch, neidischer, am neidischsten
	sportlich, sportlicher, am sportlichsten
	täglich
	witzig, witziger, am witzigsten
	zurückhaltend, zurückhaltender, am zurückhaltendsten

Möglichkeiten der Lernerfolgskontrolle

Als Lernerfolgskontrolle bietet sich beispielsweise die Betrachtung des Buches „Sesam, öffne dich" aus Baustein 3 an. Das kleine Heft kann inhaltlich, rechtschriftlich und im Bereich des Ausdrucks als Bewertungsgrundlage dienen.
Gleichermaßen kann in Verbindung mit dem Weiterschreiben der Geschichte aus Baustein 4 der entstandene Comic betrachtet und das Arbeiten in einem Team als Bewertungsgrundlage herangezogen werden.
Für das mündliche Sprachhandeln ist die Beteiligung an der Diskussion zum getrennten Unterricht von Jungen und Mädchen eine geeignete Bewertungsgrundlage.

Kommentierte Literaturhinweise

Für die Kinder:

- Boie, Kirsten: Vielleicht ist Lena in Lennart verliebt. Hamburg: Oetinger 1994.
  Diese Geschichte erzählt von einem Mädchen namens Lena, das zu dem Entschluss kommt, auch einmal verliebt sein zu müssen. Dies wirkt sich auch auf ihren Schulalltag aus. In dem Moment, als sie sich entschließt, nicht mehr verliebt sein zu müssen, verliebt sie sich wirklich und das weckt wahre Gefühle in ihr.
- Henze, Dagmar: Die schönsten Leselöwen Freundschaftsgeschichten. Bindlach: Loewe 2003.
  Neben Ferien- und Spaßgeschichten enthält dieser Sammelband eine Reihe Geschichten zum Thema Freundschaft und dem Verliebtsein.
- Härtling, Peter: Ben liebt Anna. Weinheim und Basel: Beltz 2002.
- Mai, Manfred: Leonie ist verknallt. Leserabe. Ravensburg: Ravensburger 2004.
- Van der Doef, Sanderijn/Latour, Marian: Wie ist das mit der Liebe? Bindlach: Loewe 2004.
  Fragen zum Thema Jungen und Mädchen, zum Thema Sexualität und Kinderkriegen werden offen, aber kindgerecht beantwortet. Das Buch richtet sich an Kinder ab 9 Jahren.

Für die Lehrkraft:

- Sanders, Peter/Swinden, Liz: Lieben, Lernen, Lachen. Sozial- und Sexualerziehung für 6–12-Jährige. Mülheim: Verlag an der Ruhr 1992.
  Die Autorinnen stellen zahlreiche Spielvorschläge, Gesprächsanleitungen und Ideen für Arbeitsblätter vor. Alle Aktivitäten beziehen sich auf die Fragen „Wer bin ich, wer bist du, was machen wir zusammen?".
- Fobes, Katharina/Leuchter, Alexandra/Müller, Stephanie/Quadflieg, Barbara: Deutsch, 2. Klasse, Band 2. Reihe Bergedorfer Grundschulpraxis Deutsch. Horneburg: Persen 2005.
  In der 4. Unterrichtsreihe zum Thema Mächen und Jungen wird in detaillierten Stundenbildern beschrieben, wie Kinder auf Geschlechterverhalten, -rollen und -zuschreibungen aufmerksam gemacht werden können. In handlungsorientierten Übungen wie Rollenspielen und anhand abwechslungsreicher Arbeitsblätter gelingt es, Kinder sensibel für das Thema zu machen und sie zur Auseinandersetzung zu motivieren.

Bei folgenden Institutionen können Materialien und Medien zum Bereich Sexualpädagogik bestellt werden:

- AOK
  www.aok.de
- Bundeszentrale für politische Aufklärung
  www.bzga.de
- PRO FAMILIA Vertriebsgesellschaft
  Stresemannallee 3
  60596 Frankfurt
  Telefon (0 69) 63 90 02
  www.profamilia-online.de
- Verlag Mebes und Noack
  Sudermanstraße 5
  50670 Köln
  Telefon (02 21) 1 39 62 09
  Fax (02 21) 1 39 63 48
  www.mebesundnoack.de

Name: Datum: **M 1**

Freude

Freude ist gelb.
Sie schmeckt wie bunte Smarties
und riecht wie ein frischer Blumenstrauß.
Freude sieht aus wie ein Clowngesicht
und klingt wie das Geräusch lachender Kinder.
Freude macht mich glücklich.

Dirk, 9 Jahre

Name: Datum: **M 2**

Gedicht zum Gefühl Liebe

Schreibe das Gedicht, indem du dir Gedanken zu folgenden Fragen machst.

Welche Farbe hat Liebe?
Wie schmeckt Liebe?
Wie sieht Liebe aus?

Wie hört sich Liebe an?
Wie fühlt sich Liebe an?

Liebe

____

____

____

____

Name: Datum: **M 3**

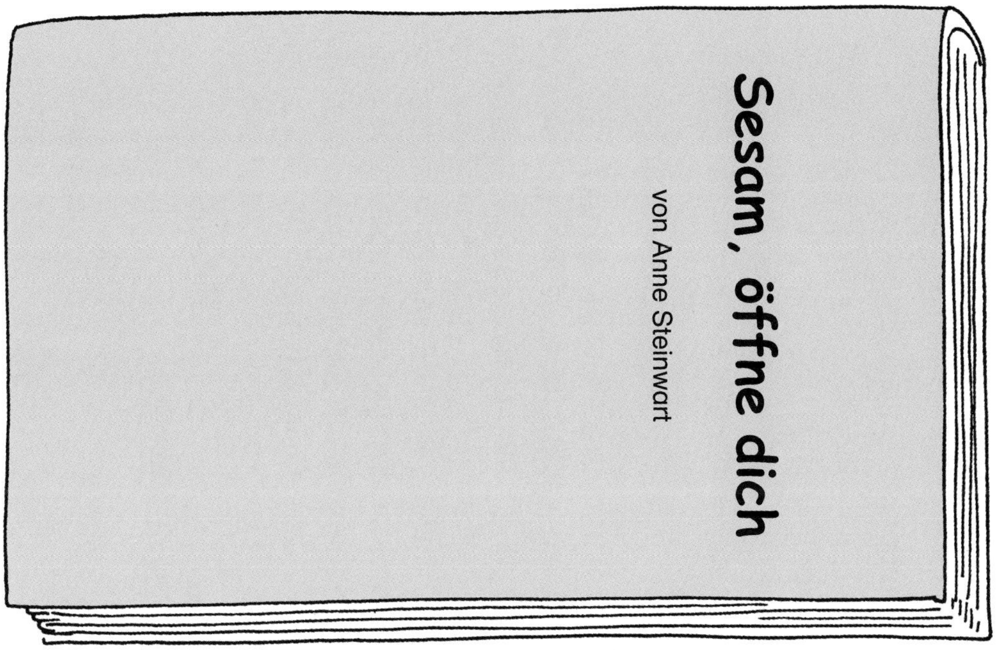

Name: Datum: **M 4**

1 *Wovon handelt deiner Meinung nach die Geschichte „Sesam, öffne dich“?*

____

____

2 *Welche Personen könnten in dieser Geschichte mitspielen?*

____

____

____

3 *An welchem Ort könnte die Geschichte spielen?*

____

____

4 *Bist du neugierig auf die Geschichte von Anne Steinwart? Begründe.*

____

____

____

Name: Datum: **M 5**

„Heute frage ich ihn“, denkt Linda auf dem Weg zur Schule. Sie ist es verflixt leid, daran zu denken. Sie wird ihn gleich fragen. Gleich, bevor es klingelt!

Seit vier Tagen steckt das neue Poesiealbum in ihrer Schultasche. Inge und Britta haben die ersten Seiten beschrieben und schöne Sticker dazugeklebt. Tim soll der Nächste sein. Hätte Lindas Bruder nicht „Weiberkram“ gesagt, als er das Album in die Finger bekam, wäre die Angelegenheit schon lange erledigt.
Tim ist zwar nicht so einer. Vor ihm hat Linda keine Angst. Aber es gibt Jungen in der Klasse, die so ähnlich reden wie ihr Bruder. Richtige Großmäuler sind dabei!

Tim sitzt wie üblich auf der kleinen Mauer vor der Turnhalle und liest in einem Comic. Er beteiligt sich selten am Gerangel auf dem Schulhof. Alle wissen, dass er nach einem Autounfall viele Monate im Krankenhaus lag und immer noch nicht herumtoben darf. Eigentlich gehört er schon in die dritte Klasse. Wegen seines Unfalls wiederholt er das zweite Schuljahr.

Name: Datum: **M 6**

1 *Linda traut sich nicht so richtig, Tim das Poesiealbum zu geben. Welche Gründe gibt es dafür?*

2 *Beschreibe eine Situation, in der du dich so gefühlt hast wie Linda.*

3 *Was erfährst du im Text über Tim?*

Name: Datum: **M 7**

Linda lehnt ihre Schultasche an die Mauer, hockt sich neben ihn und sagt Hallo. Tim sagt auch Hallo und liest weiter. Er sagt nie viel. Auch im Unterricht nicht. Aber lesen und schreiben kann er besser als die anderen.
Und schrecklich hübsch sieht er aus! Linda könnte ihn immerzu angucken. Doch das verkneift sie sich lieber. Jetzt und auch sonst. Keiner soll sagen, dass sie in ihn verknallt ist!

Anna hat vor zwei Wochen einen Zettel an Dirk geschrieben und ihm über den Schultisch zugeschoben! Sofort hieß es in der nächsten Pause: „Eine Hochzeit gibt es bald, Anna ist in Dirk verknallt!“ Dirk war stolz wie eine frisch lackierte Fahnenstange, und Anna hat albern gekichert. Linda würde sich grün und blau ärgern, wenn einer über sie und Tim solche Sprüche machen würde! Darum wird sie ihm niemals in der Schule einen Zettel schreiben, und darum guckt sie ihn auch nie so lange an, wie sie gerne möchte. Er soll nur in ihr Poesiealbum schreiben. Mehr nicht.

Sie hocken eine Weile schweigend nebeneinander auf der Mauer. Linda starrt auf ihre Schuhe. Dann fragt sie: „Schreib … Schreibst du in mein Poesiealbum?“

Name: Datum: **M 8**

1 *Warum möchte Linda wohl nicht, dass jemand weiß, dass sie in Tim verknallt ist?*

____

____

____

____

____

____

2 *Wie geht die Geschichte deiner Meinung nach weiter?*

____

____

____

____

____

____

Name: Datum: **M 9**

„Kann ich machen“, antwortet Tim bedächtig, ohne die Augen aus seinem Heft zu heben.
Linda springt von der Mauer und kramt in ihrer Schultasche. „Hier“, sagt sie und legt das Album schnell auf seine Knie.

Ganz plötzlich steht Dirk da. Breitbeinig und neugierig. Er guckt grinsend auf das bunt bedruckte Album. „Weiberkram“ oder etwas Ähnliches liegt ihm schon auf der Zunge. Linda ist sich ziemlich sicher, Tim kommt ihm zuvor. „Hast du noch nie ein Poesiealbum gesehen?“
„Doch. Bei meiner Schwester!“
„Ich hab auch eins“, sagt Tim kurz.
Dirk guckt ein bisschen belämmert und trollt sich.
Linda grinst.
„Ich hab wirklich eins“, sagt Tim. „Ein Abschiedsgeschenk vom Krankenhauspersonal und von meinem Zimmernachbarn.
Alle haben was gedichtet. Wenn du willst, schreib ich in dein Album auch etwas Selbstgemachtes.“

Linda nickt überrascht. So viel hat Tim noch nie auf einmal gesagt. Und ein selbst gemachtes Gedicht will er für sie schreiben.
Nur für sie allein!

Name: Datum: **M 10**

1 *Welche Gedanken gehen dir beim Lesen durch den Kopf?*

____

____

____

____

2 *Tim möchte selbst ein Gedicht schreiben. Warum ist das für Linda so überraschend?*

____

____

____

____

3 *Warum glaubt Dirk wohl zuerst nicht, dass Tim ein Poesiealbum hat?*

____

____

____

Name: Datum: **M 11**

Am nächsten Tag kommt Tim erst nach der Pause. Er hatte mal wieder einen Arzttermin. Linda freut sich, dass er überhaupt noch auftaucht.
Als es nach der vierten Stunde klingelt und alle ihre Sachen zusammensuchen, legt er ihr ein Päckchen auf den Tisch. Ihr Album, sorgfältig in Papier eingeschlagen … Linda lässt es blitzschnell verschwinden.

Inge und Britta sind auf dem Nachhauseweg entsetzlich neugierig. Doch Linda will das Album ohne die beiden auspacken. Ein selbst gemachtes Gedicht muss man unbedingt erst mal allein lesen!
So schnell es geht, verabschiedet sie sich von ihren Freundinnen. Hinter der nächsten Straßenbiegung setzt sie sich auf den Rasenstreifen neben dem Radweg. Extralangsam packt sie das Album aus, blättert vorsichtig mit geschlossenen Augen und murmelt: „Sesam, öffne dich."

Name: Datum: **M 12**

1. *Woran erkennst du, dass Linda aufgeregt ist?*

____

____

____

2. *Warum sagt Linda wohl „Sesam, öffne dich"?*

____

____

____

____

____

____

3. *Glaubst du, dass Tim sich beim Schreiben Mühe gegeben hat? Begründe.*

____

____

____

Name: Datum: **M 13**

Sie hat tatsächlich die richtigen Seiten erwischt.
Tim hat keinen Sticker eingeklebt, sondern ein Foto!
Er guckt sie ernst an. Ernst und schrecklich hübsch!
Gegenüber auf der anderen Seite steht sein Gedicht:

Liebe Linda!

Ich wünsch dir dies,
ich wünsch dir das:
Bist du traurig,
sollen Vögel dudeln,
bist du fröhlich,
koch dir Nudeln!

Das ist nur ein Kurzgedicht,
noch mehr Strophen weiß ich nicht!

Tim

Name: Datum: **M 14**

Wie stellst du dir Tims Seite für Linda vor?
Schreibe und male.

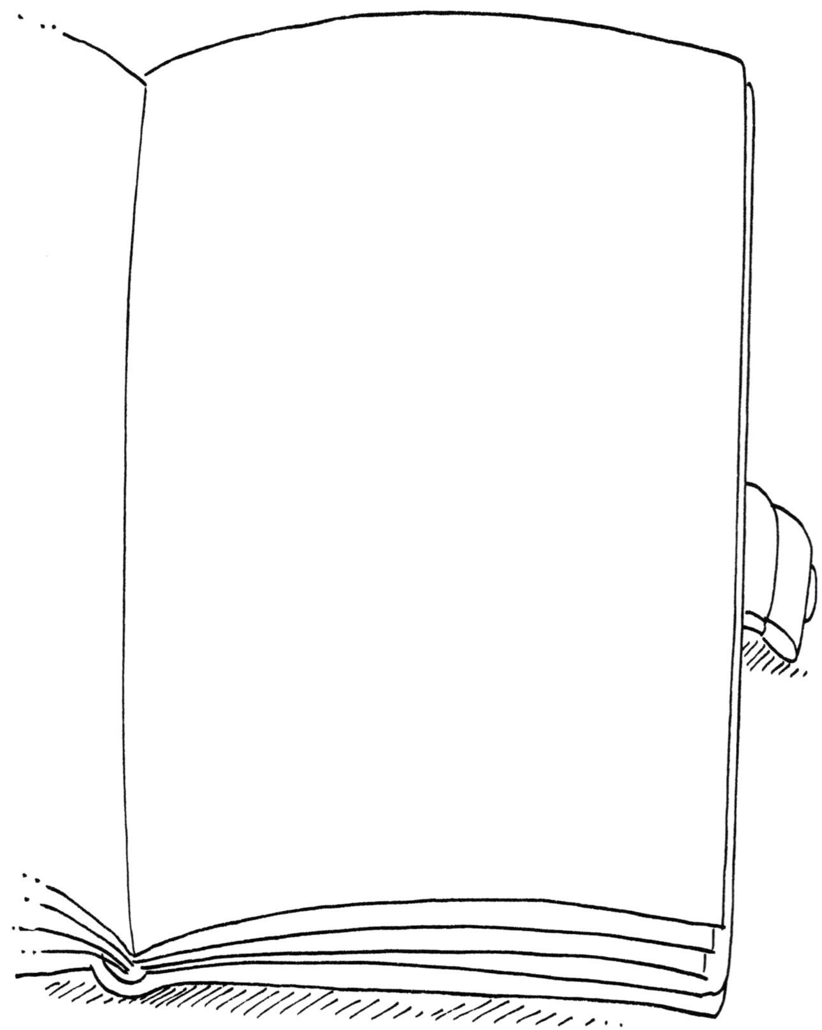

 KOPIERVORLAGE

Das Geburtstagsfest

Janna ist bei Paul zum Geburtstag eingeladen. Zu einem Tanzfest. Sie hat lange überlegt, was sie Paul schenken soll. Dann hat sie ein weißes T-Shirt gekauft. Für 10 Euro. Das ist viel Geld für Janna. Trotzdem hat sie es gekauft. Vorne drauf steht nämlich: ICH HABE EIN GROSSES HERZ!

Das Herz ist draufgemalt. Dick und fett und rot wie Blut. „Was für ein schöner Spruch!", denkt Janna.

Das rote Herz soll eine versteckte Botschaft sein. Paul soll merken, dass sie ihn gern hat. Janna seufzt. Paul hat tolle schwarze Locken!

Und wenn er will, kann er ganz schön nett sein!

Janna hat richtig Herzklopfen, als sie das T-Shirt einpackt. In rotes Geschenkpapier. Mit einer goldenen Schleife dran. Oder soll sie lieber die blaue nehmen?

„Nein. Gold ist goldrichtig", denkt Janna.

Da klingelt es. Claudia steht draußen. Claudia ist ihre beste Freundin und kommt natürlich auch mit.

„Bist du fertig?", fragt Claudia.

„Schon fix und fertig", sagt Janna.

Dann machen sich die beiden auf den Weg.

Erhard Dietl

● *Überlegt, wie die Geschichte weitergehen könnte, und macht euch Stichpunkte.*

Zeichnet anschließend mit Hilfe eurer Stichpunkte einen Comic mit mehreren Szenen.

____

____

____

____

Einen Brief schreiben

Hier findest du acht verschiedene Situationen. Entscheide dich für eine Situation und schreibe einen Brief.

Du hast dir das Buch deiner Freundin Daniela ausgeliehen. Leider hat die Rückwand des Buches jetzt einen Knick. *Schreibe einen Brief an Daniela.*	Seit einer Woche hast du schon Streit mit deinem Freund Max. Eigentlich weißt du gar nicht mehr, warum. *Schreibe einen Brief an Max.*
Schon lange möchtest du Nina sagen, dass du sie sehr gerne hast. Stattdessen hast du sie bisher nur geärgert. *Schreibe einen Brief an Nina.*	Jens ist sauer auf dich, weil du Julia sein Geheimnis anvertraut hast. *Schreibe einen Brief an Jens.*
Du hast ganz vergessen, den wichtigen Brief für Mama in den Briefkasten zu werfen. Die nächste Leerung ist erst morgen. *Schreibe einen Brief an Mama.*	Keiner in der Klasse weiß, dass du Tim sehr nett findest. Du möchtest es ihm aber gerne sagen. *Schreibe einen Brief an Tim.*
Dein bester Freund Jürgen spielt seit einer Woche immer mit Lukas. Er beachtet dich kaum. *Schreibe einen Brief an Jürgen.*	Papa hat einfach dein Geheimnis der ganzen Familie erzählt. Du bist sehr wütend auf Papa. *Schreibe einen Brief an Papa.*

Name: Datum: **M 17**

Texte vergleichend lesen

1 *Auf den ersten Blick sehen beide Texte gleich aus. Doch im zweiten Text sind einige Fehler versteckt. Unterstreiche sie.*

Text 1: Getrennter Unterricht

Es gibt Schulen, die entweder von Mädchen oder von Jungen besucht werden. Die Gründe dafür sind unterschiedlich. So hat sich zum Beispiel gezeigt, dass Mädchen häufig nicht so zurückhaltend sind, wenn sie ausschließlich mit Mädchen in einem Raum sind. Besonders auffallend ist dies in naturwissenschaftlichen Fächern wie Mathematik oder Physik. Umgekehrt ist dies oft beim Erlernen von Sprachen. Dort sind häufig die Jungen zurückhaltender, so dass ihnen hier eine Trennung zugutekäme. Vorteile werden auch im getrennten Sportunterricht gesehen.

Text 2: Getrennter Unterricht

Es gibt Schulen, die entweder von Mädchen oder von Jungen besucht werden. Die Gründe dafür sind unerklärlich. So hat sich zum Beispiel gezeigt, dass Jungen häufig nicht so zurückhaltend sind, wenn sie ausschließlich mit Mädchen in einer Klasse sind. Besonders auffallend ist dies in naturwissenschaftlichen Fächern wie Biologie oder Physik. Umgekehrt ist dies oft beim Erlernen von Sprachen. Dort sind häufig die Jungen zurückhaltender, so dass ihnen hier eine Trennung zugutekäme. Nachteile werden auch im gemeinsamen Sportunterricht gesehen.

2 *Beschreibe, wie du die Fehler gefunden hast.*

3. Unterrichtsreihe: Fernsehen und durchblicken

(ca. 12 Unterrichtsstunden)

Ziele

Mündliches Sprachhandeln

- sich über Fernsehgewohnheiten austauschen
- konstruktiv Kritik an Arbeiten anderer Kinder üben
- eine Meinung begründen
- ein Rollenspiel zu einer Geschichte entwickeln
- eine Schreibkonferenz durchführen

Schriftliches Sprachhandeln

- eine schriftliche Begründung verfassen
- einen Fragebogen entwerfen
- eine Nacherzählung schreiben

Rechtschreiben

- das Wörterbuch nutzen

Umgang mit Texten und Medien

- Daten gewinnen und als Säulendiagramm darstellen
- Ordnungskriterien bezüglich des Fernsehprogramms finden
- Informationen aus einem Text entnehmen
- Textteile ordnen
- eine Geschichte zu einem Rollenspiel erweitern

Bausteine der Unterrichtsreihe

1. Zeittagebuch – Ein Zeittagebuch führen und auswerten
2. Fernsehgewohnheiten – Einen Fragebogen entwickeln und beantworten
3. Analyse des Fernsehprogramms – Ordnungskriterien finden
4. Die Geschichte des Fernsehens – Informationen aus einem Text entnehmen
5. So entsteht ein Film – Textteile in die richtige Reihenfolge bringen
6. „Nichts für Papas“ – Eine Geschichte mit Perspektivenwechsel nacherzählen

Didaktischer Kommentar

Das Fernsehen ist eines der wichtigsten Medien für Kinder. Das liegt einerseits daran, dass das Angebot an Kindersendungen bzw. an Sendungen, die Kinder interessieren, sehr groß ist und den ganzen Tag bis in den Abend hinein ausgestrahlt wird. Andererseits ist dieses Medium für nahezu jedes Kind verfügbar, da fast jeder Haushalt in Deutschland mindestens einen Fernsehapparat besitzt.
Damit Kinder mit dem Fernsehen verantwortlich umgehen können, sollte man ihnen vielfältige Möglichkeiten geben, dieses Medium praktisch kennen zu lernen und Hintergrundwissen darüber zu erlangen. Weiterhin ist es wichtig, dass die Kinder ihr eigenes Fernsehverhalten reflektieren.

Die Reflexion des eigenen Fernsehverhaltens und der Vergleich mit dem Verhalten anderer ist Inhalt der Bausteine 1 und 2. Hier werden zunächst der zeitliche Aufwand für das Fernsehen und für andere Aktivitäten in einem Zeittagebuch gegenübergestellt. Die genaueren Fernsehgewohnheiten untersuchen die Kinder in einem Fragebogen. Hier werden die unterschiedlichen Gründe deutlich, warum sie fernsehen.
In Baustein 3 wird das Fernsehprogramm zum Thema. Die Kinder analysieren es und suchen Ordnungskriterien, nach denen die Sendungen gemäß ihrer Intention und ihrem Inhalt sortiert werden können. Baustein 4 erfordert genaues Lesen, da hier Informationen aus einem Text zur Geschichte des Fernsehens gewonnen werden sollen. Schließlich lernen die Kinder in Baustein 5, wie ein Spielfilm gedreht wird.

Danach bietet es sich an, mit den Kindern als Projekt einen eigenen Film zu drehen. Dies kann ein kleiner Spielfilm sein, bei dessen Herstellung die Kinder die zuvor besprochenen Berufe als Rollen einnehmen.
Einfacher ist es, eine kurze Zeichentrickfilmszene zu drehen. Als Vorüberlegung für die Machart eines Zeichentrickfilms können die Kinder das Daumenkino von M 8 (s. S. 68) basteln. Hier wird deutlich, dass uns schnell hintereinander gezeigte Einzelbilder wie ein bewegter Film vorkommen. Auf dieser Grundlage gibt es verschiedene Möglichkeiten, Bilder für einen Zeichentrickfilm zu gewinnen:

- Die Kinder können selbst Bilder malen.
- Die Kinder können Bilder aus Figuren (z. B. Lego oder Playmobil) aufstellen. Dies hat den Vorteil, dass die Figuren relativ schnell die nächste Pose einnehmen können und nicht neu gezeichnet werden müssen.
- Die Kinder schneiden Comicfiguren aus, Arme und Beine einzeln. Nun werden Arme und Beine jeweils so gelegt, dass es nachher so aussieht, als würden die Figuren sich bewegen.
- Die Kinder kneten Figuren und verändern sie entsprechend.

Die einzelnen Bilder werden mit einer Kamera mit Einzelbildschaltung aufgenommen und in einem kurzen Film abgespielt. Einfacher, aber nicht so überzeugend ist es, wenn die einzelnen Bilder fotografiert werden und die entwickelten Fotos als Daumenkino fungieren.

Den Abschluss der Unterrichtsreihe bildet Baustein 6, in welchem die Kinder eine kurze Geschichte lesen und mit veränderter Perspektive nacherzählen.

Bausteine der Unterrichtsreihe

Baustein 1

Zeittagebuch – Ein Zeittagebuch führen und auswerten

Material:

- M 1–2 auf DIN A3 kopiert, S. 61–62
- OHP
- OHP-Folien
- Plakat

Unterrichtsschritte:

- Als Vorbereitung für die Unterrichtsreihe führen alle Kinder eine Woche lang ein Zeittagebuch, in welchem sie jeden Tag die Dauer der in der Zeichenerklärung erläuterten Aktivitäten notieren.
  Die Kopiervorlage für die Zeittagebücher findet sich auf M 1. Die einzelnen Seiten werden zu einem Mini-Buch zusammengefügt.

Bastelanleitung:

1. Die Vorlage für das Mini-Buch ausschneiden und an allen vorhandenen Linien knicken.
2. Das Blatt an der gestrichelten Linie einschneiden (Skizze 1).
3. Das Blatt längs knicken (Skizze 2) und zusammenschieben (Skizze 3).
4. Die so entstandenen Buchseiten aufeinanderlegen (Skizze 4).

Skizze 1

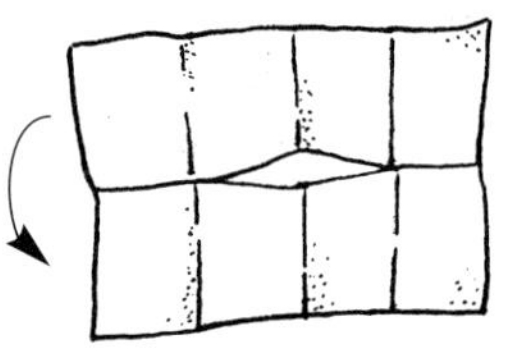
Skizze 2

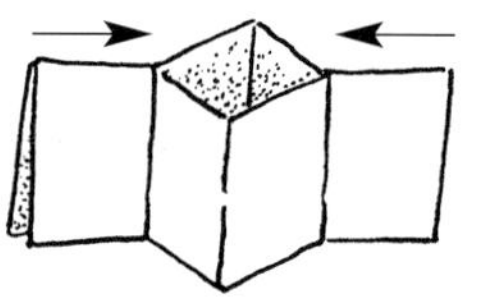
Skizze 3

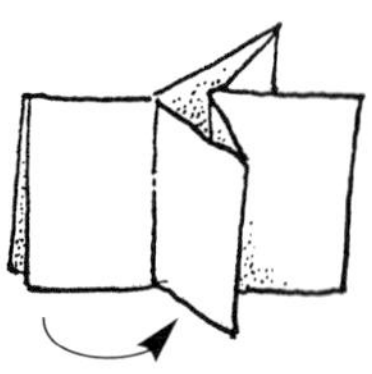
Skizze 4

Zeichenerklärung:

 = Schule

 = Hausaufgaben

 = spielen

 = lesen

 = Musikunterricht

 = Sportverein

 = fernsehen

 = Computer/Spielkonsole

 = schlafen

- Nach Beenden des Zeittagebuchs werden die gesammelten Daten ausgewertet: Jedes Kind addiert die Zeitspannen, in denen es den aufgeführten Aktivitäten nachgegangen ist. So werden zum Beispiel alle Fernsehzeiten zusammengerechnet. Die dadurch erhaltenen Zahlen werden anschließend jeweils als Säulendiagramm auf M 2 dargestellt. So ergibt sich eine anschauliche Übersicht, für welche Aktivitäten wie viel Zeit verwendet worden ist.
- Für die anschließende Reflexion werden ein oder mehrere Säulendiagramme als Beispiele auf Folie kopiert. Die ausgewählten Säulendiagramme werden nun zum Diskussionsanlass: Sie werden betrachtet und miteinander verglichen. Die Lehrkraft regt ein Gespräch zu Pro und Contra der angegebenen Aktivitäten an:
  - Könnte man auf eine oder mehrere Aktivitäten verzichten?
  - Welche Folgen ergäben sich daraus?
  - Ist die Zeit, die man auf bestimmte Aktivitäten verwendet, sinnvoll genutzt?

Die Lehrkraft lenkt nun das Gespräch auf das Fernsehen. Wenn dieses im Gespräch vorher noch nicht erwähnt worden ist, wird es unter oben genannten Leitfragen noch einmal betrachtet. Anschließend stellt die Lehrkraft die Frage, warum die Kinder fernsehen. Die Antworten werden auf einem Plakat in Form einer Liste festgehalten.

Baustein 2 – Fernsehgewohnheiten – Einen Fragebogen entwickeln und beantworten

Material:

- M 3, S. 63

Unterrichtsschritte:

- Der auf M 3 gezeigte Fragebogen kann übernommen werden, als Beispiel für einen von den Kindern selbst entworfenen Fragebogen dienen oder als Differenzierungsangebot bei ansonsten frei entworfenen Fragebögen eingesetzt werden.
- Durch das Ausfüllen der Fragebögen werden sich die Kinder ihrer Fernsehgewohnheiten bewusst.
- Im anschließenden Gespräch können verschiedene Aspekte zum Thema angesprochen werden. Ausgehend von dem auf M 3 vorgeschlagenen Fragebogen bietet es sich an, dass die Kinder zunächst noch einmal die eigenen Gründe für das Fernsehen nennen. Hierbei wird deutlich, dass das Fernsehen neben Unterhaltung und Zeitvertreib auch Informationen bietet. Anschließend nennen die Kinder Sendungen, die sie mögen bzw. nicht mögen, und begründen ihre Meinung.

Baustein 3 – Analyse des Fernsehprogramms – Ordnungskriterien finden

Material:

- Fernsehzeitschriften
- Liste aus Baustein 1

Unterrichtsschritte:

- Anknüpfend an die in Baustein 2 genannten Lieblingssendungen werden mit Hilfe von Fernsehzeitschriften die zur Zeit gesendeten Programme nach selbst gefundenen Kriterien geordnet und jeweils Beispielsendungen aufgeführt. Diese Aufgabe kann sich auf das gesamte Fernsehprogramm erstrecken oder nur auf einen Sender beschränken. Es bietet sich an, die Aufgabe als Partner- oder Kleingruppenarbeit durchzuführen.
  Mögliche Ordnungskriterien sind: Nachrichten, Spielshows, Spielfilme, Talkshows, Tiersendungen, Reiseberichte, Kochsendungen, Dokumentationen, Trickfilme, Daily Soaps, Politmagazine.
- In der Reflexion werden die gefundenen Ordnungskriterien verglichen und bewertet. Hier kann auf die Intentionen der Sendungen eingegangen werden. Diese werden anschließend mit den in Baustein 1 und 2 notierten Gründen für das Fernsehen in Beziehung gesetzt.

Baustein 4

Die Geschichte des Fernsehens – Informationen aus einem Text entnehmen

Material:

- M 4, S. 64
- Fernsehzeitschriften

Unterrichtsschritte:

- Die Kinder lesen in Einzelarbeit den Text „Die Geschichte des Fernsehens" auf M 4 und bearbeiten die dazu gestellten Aufgaben.
- In der Reflexion kann jeweils ausgerechnet werden, wie lange es die im Text genannten Komponenten des heutigen Fernsehens schon gibt.
- Als Hausaufgabe bietet sich eine Befragung der Eltern oder Großeltern bezüglich „ihrer Fernsehgeschichte" an.

Baustein 5

So entsteht ein Film – Textteile in die richtige Reihenfolge bringen

Material:

- M 5, S. 65
- evtl. kurzer Spielfilm auf Video/DVD
- Videorekorder/DVD-Player

Unterrichtsschritte:

- Um sich im anschließenden Gespräch auf einen konkreten Inhalt beziehen zu können, wird den Kindern ein kurzer Spielfilm gezeigt. Zuvor sollten die Kinder jedoch wissen, dass es nicht um den Inhalt des Films geht, sondern dass sie vielmehr darauf achten sollen, wie der Film entstanden ist.
- Zunächst überlegen die Kinder gemeinsam, was alles gemacht werden musste, damit der Film fertig wurde. Besonders für Kinder mit DaZ sollten die dabei genannten Berufe mit einer kurzen Erklärung festgehalten werden. Hierbei wird deutlich, dass an einem Film viele Menschen mitarbeiten, die man im Film selbst nicht sieht. Besonders geeignet sind Filme mit Spezialeffekten, welche die Kinder im Gespräch als Tricks entlarven können.
- Anschließend bearbeiten die Kinder M 5.
- In der Reflexion können die im Gespräch genannten Punkte durch das Arbeitsblatt ergänzt werden oder dieses ergänzen.

Bergedorfer Grundschulpraxis: Deutsch – 4. Klasse, Band 2

Baustein 6

„Nichts für Papas“ – Eine Geschichte mit Perspektivenwechsel nacherzählen

Material:

- M 6–7, S. 66–67
- Wörterbücher
- Papier

Unterrichtsschritte:

- Die Kinder lesen zunächst die kurze Geschichte „Nichts für Papas“ auf M 6 und klären im Gespräch ihre Aussage.
- Anschließend erhalten sie den Auftrag, die Geschichte in Gruppen von drei Kindern als Rollenspiel darzustellen. Die Handlung darf hier über den vorliegenden Text hinaus erweitert werden. Nach der jeweiligen Aufführung des Rollenspiels wird geklärt, ob die Zusatztexte der Figuren schlüssig waren und ihr Verhalten nachvollziehbar.
- Anschließend wird die gespielte Geschichte schriftlich nacherzählt. Hierbei sollen die Kinder aus der Sicht einer der handelnden Personen erzählen. Wichtig ist, dass die Intentionen der Person deutlich werden.
- In einer Schreibkonferenz (siehe Kapitel 2, S. 10–11) überarbeiten die Kinder ihre Geschichten mit Hilfe der für eine Nacherzählung relevanten Kriterien (M 7) und korrigieren rechtschriftlich mit dem Wörterbuch.
- Zum Schluss werden einige Geschichten vorgelesen und mit Lob und Tipps besprochen.

Lernwörter

der	**Drehbuchautor**, die Drehbuchautoren
das	**Fernsehen**
der	**Fernseher**, die Fernseher
die	**Fernsehzeitschrift**, die Fernsehzeitschriften
der	**Film**, die Filme
	filmen, er filmt
	gucken, er guckt
	interessant, interessanter, am interessantesten
der	**Kameramann**, die Kameramänner
	langweilig, langweiliger, am langweiligsten
	lustig, lustiger, am lustigsten
der	**Maskenbildner**, die Maskenbildner
das	**Programm**, die Programme
der	**Regisseur**, die Regisseure
der	**Schauspieler**, die Schauspieler
	senden, er sendet
	spannend, spannender, am spannendsten
	unterhaltsam, unterhaltsamer, am unterhaltsamsten
der	**Zuschauer**, die Zuschauer

Möglichkeiten der Lernerfolgskontrolle

Als Lernerfolgskontrolle kann die Nacherzählung aus Baustein 6 herangezogen werden. Hier kann die Lehrkraft verschiedene Punkte betrachten:

- Hat das Kind die bereits in früheren Unterrichtsreihen behandelten Kriterien einer Nacherzählung umgesetzt?
- Hat das Kind (im Falle einer Zweitschrift) Tipps und Verbesserungsvorschläge aus der Schreibkonferenz beachtet?
- Werden die Intentionen der vom Kind gewählten Erzählerfigur deutlich?

Eine weitere Möglichkeit der Lernerfolgskontrolle kann eine Vorgangsbeschreibung (s. S. 72) über die Herstellung eines eigenen Spiel- oder Zeichentrickfilms sein.

Kommentierte Literaturhinweise

Für die Lehrkraft:

- www.schau-hin.info

  Startseite zu vielen Links mit Artikeln zu Medienerziehung, Umgang mit Gewalt in den Medien, geeigneten Kindersuchmaschinen im Internet, Filmtipps und vielem mehr.

- Ministerium für Kultur, Jugend und Sport Baden-Württemberg (Hrsg.): Bewegte Bilder zaubern – Video und Computer im Unterricht. Stuttgart, 2001. Vertrieb über den Auer Verlag, ISBN 3-403-03348-1.

  Praxisorientierte Unterrichtseinheiten für die weiterführenden Schulen. Einige Ideen und Anregungen sind jedoch auch schon im 4. Schuljahr umsetzbar.

- Ministerium für Kultus, Jugend und Sport Baden-Württemberg (Hrsg.): Wie Fernsehen gemacht wird. Vertrieb über den Auer Verlag, ISBN 3-403-03350-3.

  Dieser Baustein bietet viele Unterrichtsanregungen und Kopiervorlagen für die Grundschule. Neben einigen anderen Themen wird der Tigerenten-Club zum Unterrichtsinhalt.

- Bundeszentrale für politische Bildung (Hrsg.): Über Medien reden – Informationen für pädagogische Fachkräfte. Bonn, 2001. Bestell-Nr. 5.545.

  Die Broschüre informiert über den Medienalltag von Kindern im Kindergartenalter. Neben vielen Informationen werden auch Anregungen gegeben, die im Unterricht in der Grundschule umgesetzt werden können.

Name: Datum: **M 1**

Zeittagebuch

von

Montag, den

Dienstag, den

Mittwoch, den

Donnerstag, den

Freitag, den

Samstag, den

Sonntag, den

Name: Datum: **M 2**

Auswertung des Zeittagebuches

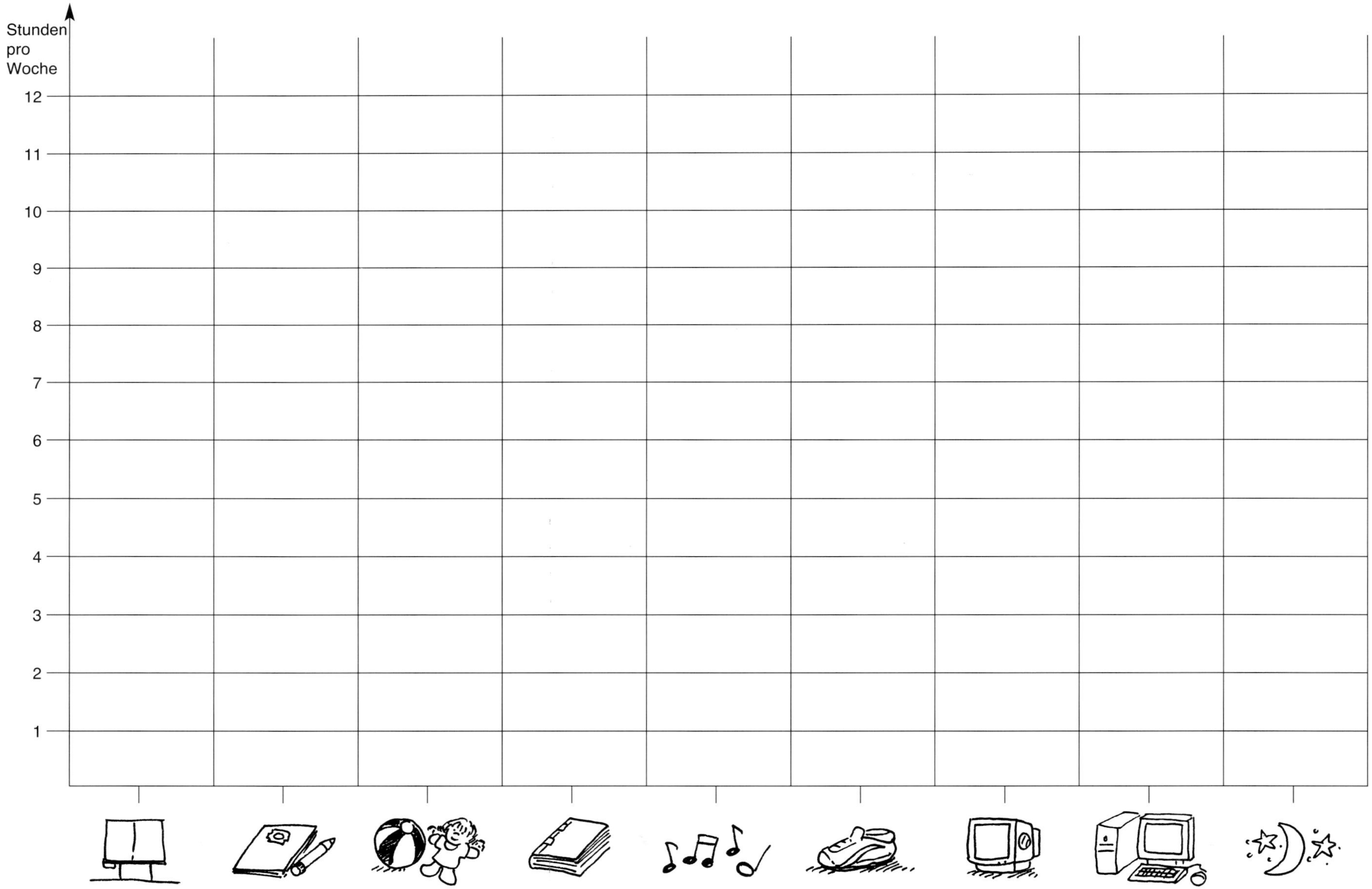

KOPIERVORLAGE

Name: Datum: **M 3**

Wie, wann, wo, warum, was?

1. Warum siehst du fern?

2. Wo siehst du fern?

3. Wann siehst du fern?

4. Mit wem siehst du fern?

5. Was ist deine Lieblingssendung?

Warum magst du diese Sendung? Schreibe in Stichworten.

6. Gibt es eine Sendung, die du nicht gerne siehst, die du dir aber dennoch anschaust?

☐ ja ☐ nein

Wenn ja, welche ist das? ______________________________

Warum magst du diese Sendung nicht? Schreibe in Stichworten.

Warum schaust du sie an, obwohl du sie nicht magst?

Die Geschichte des Fernsehens

Heute hat fast jeder zu Hause einen Fernseher. Das war jedoch nicht immer so. Der Fernseher wurde zu Beginn des 20. Jahrhunderts erfunden. Zunächst sendete er nur schwarzweiß und man konnte nur ein Programm einschalten. 1963 kam dann das zweite Programm, das ZDF, hinzu.

1964 wurde der erste Videorekorder entwickelt. Wer einen besaß, konnte also Sendungen aufzeichnen und zu einem beliebigen Zeitpunkt anschauen. Die meisten Leute hatten jedoch noch keinen Videorekorder.

Seit dem 25. August 1967 gibt es Farbfernsehen. Wer damals einen Farbfernseher kaufte, konnte das Programm in Bunt anschauen.

Die Fernbedienung wurde 1975 erfunden. Vorher mussten alle Leute das Programm am Fernsehgerät an- oder umschalten. Das war aber nicht besonders anstrengend, weil es sowieso nur wenige Programme gab.

Mitte der 1980er Jahre kamen zu den öffentlich-rechtlichen Fernsehsendern die privaten Fernsehsender hinzu: 1984 waren das RTL und SAT 1, 1989 begann Pro Sieben zu senden. Seit 1991 gibt es Premiere als „Pay-TV“, das ist ein Programm, das man extra bezahlen muss. Und seit 1993 kann man die Sender VOX und RTL 2 empfangen. Seitdem sind noch viele weitere Sender hinzugekommen, so dass unser heutiges Fernsehprogramm sehr umfangreich ist.

1 *Findest du noch andere Sender als die oben genannten? Schau in einer Fernsehzeitung nach.*

____

____

____

____

2 *Schreibe die Geschichte des Fernsehens stichwortartig in Form einer Liste in dein Heft. Setze fort:*

Beginn des 20. Jahrhunderts:	Erfindung des Fernsehers
1963	…

So entsteht ein Spielfilm

1. *Schneide alle 12 Kärtchen aus.*
2. *Ordne jedem Bild einen Text zu.*
3. *Finde die richtige Reihenfolge.*
4. *Klebe die Kärtchen in dein Heft.*

Für die Schauspieler werden passende Kleider ausgesucht und sie werden von der Maskenbildnerin geschminkt.	Manchmal wird der Ton erst nachher zum fertigen Film hinzugefügt. Dies geschieht oft bei Geräuschen, z. B. bei Donner. Teilweise werden auch Stimmen erst im Nachhinein aufgenommen.
Der Regisseur sucht die Drehorte und passende Schauspieler aus. Er leitet die gesamten Dreharbeiten.	Nun spielen die Schauspieler die Szenen des Films so lange, bis der Regisseur zufrieden ist. Der Kameramann filmt die ganze Zeit.
Der Drehbuchautor schreibt ein Drehbuch, das später als Vorlage für den Film dient.	Am Schneidetisch werden dann die besten Szenen ausgewählt und zu einem fortlaufenden Film zusammengestellt.

Nichts für Papas

Lene will einen Krimi sehen.
„Krimis sind nichts für Kinder",
sagt Papa.
Lene muss ins Bett.
Sie kann nicht einschlafen.
Sie tappt durch den Flur.
Sie geht ins Wohnzimmer.
Papa schaut den Krimi
und merkt nichts.
Lene tippt auf Papas Schulter.
„Hilfe", schreit Papa.
„Hilfe! Räuber!"
Mama lacht.
„Krimis sind auch nichts
für Papas!", sagt sie.

Frauke Nahrgang

Name: Datum: **M 7**

So schreibt man eine Nacherzählung (aus veränderter Sicht)

Wenn man eine Nacherzählung schreibt, möchte man jemandem eine Geschichte ganz bildlich beschreiben. In eine Nacherzählung gehören deshalb Erlebnisse, Gefühle und Gedanken!

Person auswählen

Überlege dir zunächst, in welche Person aus der Geschichte du dich hineinversetzen möchtest.

Lesen und auf die Sicht der Person achten

Lies die Geschichte und achte darauf, was die von dir gewählte Person erlebt, sieht und hört. Notiere dir Stichpunkte.

Schreiben

Schreibe nun die Geschichte auf. Nutze diese Stichpunkte.

Weitere Schreibtipps:

- Schreibe in der Ich-Form.
- Auch eine Nacherzählung aus veränderter Sicht besteht aus Einleitung, Hauptteil und Schluss.
- Schreibe nur das, was deine Person wissen kann.
- Halte eine sinnvolle Reihenfolge ein.
- Gestalte deine Geschichte mit passenden Verben, Adjektiven und wörtlicher Rede lebendig.
- Verwende unterschiedliche Satzanfänge.
- Halte eine Erzählzeit ein.

Name: Datum: **M 8**

Daumenkino

Schneide die Bilder für das Daumenkino aus.
Hefte oder klebe sie an den grauen Streifen aneinander.

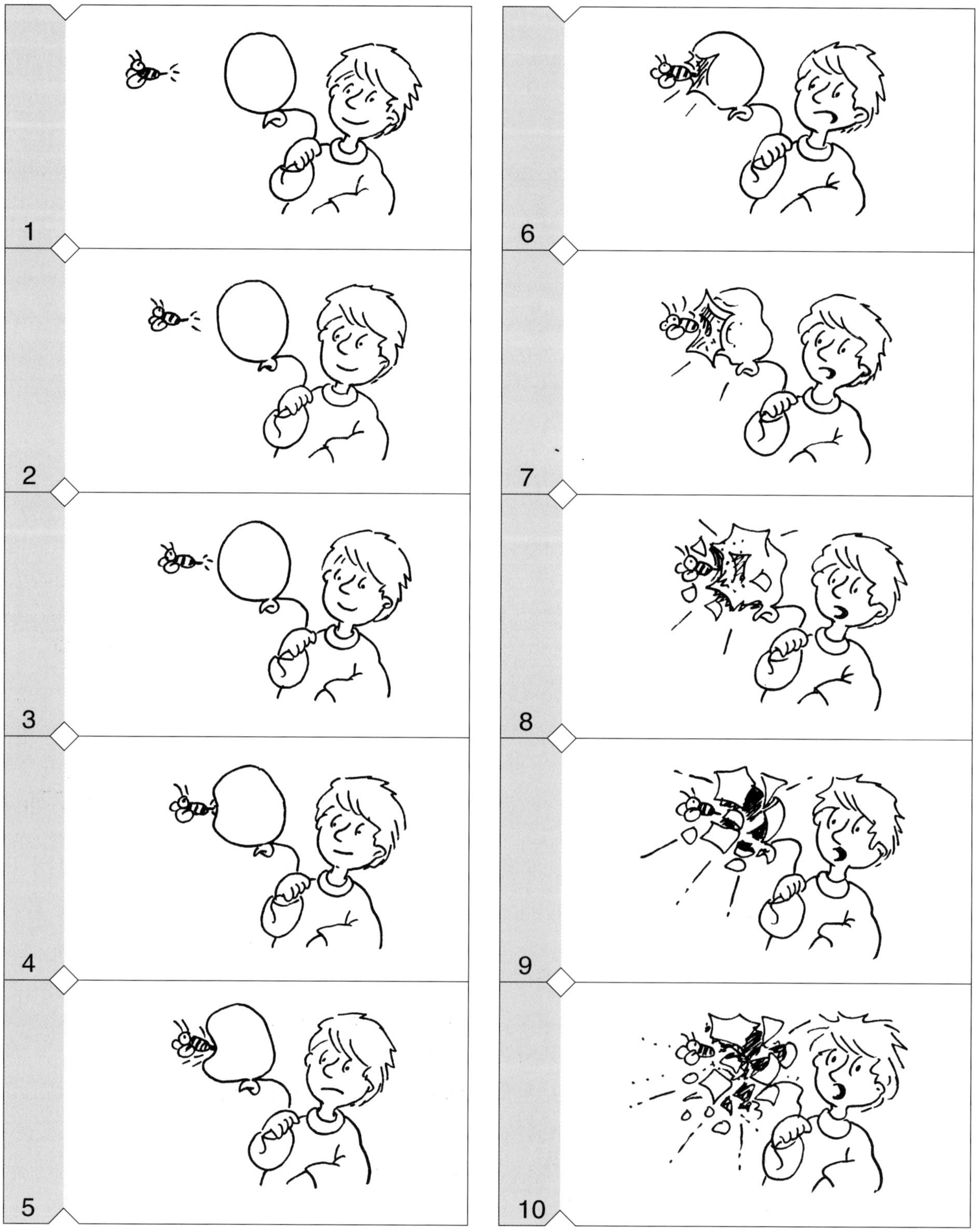

4. Unterrichtsreihe: An meinem Fahrrad ist alles dran

(ca. 11–15 Unterrichtsstunden)

Ziele

Mündliches Sprachhandeln

- über kontroverse Fragen diskutieren
- einen Vorgang beschreiben

Schriftliches Sprachhandeln

- Berichte und Erzählungen über reale und erdachte Ereignisse schreiben
- ein Streitgespräch verfassen
- Beschreibungen von Gegenständen und Vorgängen verfassen
- Texte am Computer schreiben
- Schreibideen entwickeln
- mit Hilfe von Leitfragen und Stichworten den Schreibprozess planen
- sich über Texte beraten
- Texte überarbeiten

Rechtschreiben

- Lernwörter selbstständig üben
- das Wörterbuch nutzen

Umgang mit Texten und Medien

- informierendes und genaues Lesen üben

Sprache reflektieren

- Sprachproben beim Überarbeiten von Texten nutzen: Umstellen von Satzgliedern sowie Ersetzen und Hinzufügen von Wörtern
- Textabsicht, Textsorte und Textwirkung aus der Sicht des Schreibers bzw. der Schreiberin reflektieren
- das Wortfeld *Fahrrad fahren* entwickeln und nutzen

Bausteine der Unterrichtsreihe

1. Mein Fahrrad und ich – Einen Fragebogen als Einstieg ins Thema ausfüllen
2. Startklar?! – Sicherheitsmängel am Fahrrad erkennen und beschreiben
3. Der Reifen ist platt – Vorgangsbeschreibungen verfassen, ordnen und überarbeiten
4. Verkehrsregel-Test – Sätze bilden, Satzzeichen verwenden und Satzglieder bestimmen
5. Rund ums Radfahren – Berichte, Erzählungen und Beschreibungen verfassen und überarbeiten

Didaktischer Kommentar

Die vorliegende Unterrichtsreihe kann im Rahmen der Vorbereitung auf die Radfahrprüfung durchgeführt werden, die in den meisten Grundschulen im Laufe des vierten Schuljahres stattfindet. Thematisch werden sowohl technische Aspekte wie die Verkehrssicherheit und die Fahrtüchtigkeit von Fahrrädern (Baustein 2) sowie das Flicken von Fahrradschläuchen behandelt (Baustein 3) als auch Verkehrszeichen und -regeln (Baustein 4). Sprachliche Schwerpunkte der Unterrichtsreihe sind das Verfassen und Überarbeiten verschiedener Textsorten wie Mängelbeschreibungen (Baustein 2), Vorgangsbeschreibungen (Baustein 3), Gegenstandsbeschreibungen, Unfallberichte, Erlebniserzählungen und Streitgespräche (Baustein 5).
Darüber hinaus wird die Bestimmung der Satzteile wiederholt, indem die Kinder fehlende Satzglieder ermitteln, Sätze umstellen und Unterstreichungen vornehmen (Bausteine 2–4). Die Verwendung der Satzzeichen für Aussage-, Aufforderungs- und Fragesätze sowie für wörtliche Rede wird ebenfalls in Baustein 4 wiederholt. Als Lernwörter werden in erster Linie die Bestandteile des Fahrrads rechtschriftlich gesichert, indem die Kinder diese selbstständig mit den bekannten Methoden üben (Dosendiktat, Schleichdiktat etc.).
Neben einem Radfahrtraining sind im Sachunterricht die Aspekte Fahrradreparaturen, die Kenntnis der Verkehrszeichen bzw. -regeln und das richtige Verhalten im Straßenverkehr zu vertiefen. Auch die Bedeutung des Radfahrens im Rahmen eines ökologischen Bewusstseins kann thematisiert werden (siehe dazu Statistiken und Forscheraufträge unter www.beiki.de). So können die Kinder über einen bestimmten Zeitraum protokollieren, welche Wege sie mit welchen Verkehrsmitteln zurückgelegt haben. Um die Umweltverträglichkeit der Verkehrsmittel vergleichen zu können, werden verschiedene Rechenbeispiele erstellt, wie hoch die CO_2-Belastung bei den verschiedenen Verkehrsmitteln jeweils ist.
Im Mathematikunterricht können zusätzlich die Kosten der verschiedenen Fortbewegungsarten pro Jahr errechnet werden (Beispiel: Jahresfahrkarte für den Bus für die eigene Familie, laufende Kosten für das Auto pro Jahr, Fahrradkosten pro Jahr). Außerdem kann gemessen werden, wie viel Fläche ein Auto in der Stadt braucht und wie viel Fläche das Fahrrad benötigt.
Zusätzlich zur Radfahrprüfung kann die Reihe abgeschlossen werden mit einem Fahrradfest, z. B. mit einem Fahrradparcours, einem Quiz „Verkehrssicheres Fahrrad – Mängel erkennen", einer Ausstellung besonderer Fahrräder, Liedern rund ums Fahrrad oder einem Fahrradklingelkonzert.

Bausteine der Unterrichtsreihe

Baustein 1

Mein Fahrrad und ich – Einen Fragebogen als Einstieg ins Thema ausfüllen

Material:

- M 1, S. 77

Unterrichtsschritte:

- Mit Hilfe des Fragebogens (M 1) kann die Lehrkraft die Vorerfahrungen und Vorkenntnisse der Kinder über das Radfahren ermitteln.
- Indem die Kinder sich gegenseitig ihre Antworten vorlesen, erhalten sie Einblick in die Erfahrungen und Kenntnisse der anderen. Möglicherweise werden auch Ansatzpunkte für kontroverse Diskussionen deutlich, z. B. Wozu ein Helm? Welche Wege sind gefährlich?

Baustein 2

Startklar?! – Sicherheitsmängel am Fahrrad erkennen und beschreiben

Material:

- M 2–5, S. 78–81
- verkehrssicheres Fahrrad und Fahrrad mit Mängeln
- Wortkarten mit folgenden Begriffen: Rahmen, Lenker, Gabel, Sattel, Rad, Felge, Speichen, Kette, Mantel, Schutzblech, Klingel, Schaltung, Vorderlampe, Rücklicht, Speichenreflektor, Vorderreflektor, Gepäckträger, Tacho, Ventil, Schlauch, Rückstrahler, Dynamo, Pedalreflektoren

Unterrichtsschritte:

- Von der Lehrkraft bzw. von den Kindern werden zwei Fahrräder mitgebracht: ein verkehrssicheres Fahrrad und ein Fahrrad mit Mängeln.
- Zunächst ordnen die Kinder die Wortkarten den Teilen des verkehrssicheren Fahrrads zu, indem sie diese an die richtige Stelle heften. Als vertiefende Übung beschriften die Kinder die Teile nochmals auf dem Arbeitsblatt (M 2).

Lösung:

1	Vorderlampe	9	Felge
2	Vorderreflektor	10	Speichen
3	Klingel	11	Mantel
4	Lenker	12	Kette
5	Rahmen	13	Pedalreflektoren
6	Sattel	14	Dynamo
7	Schutzblech	15	Ventil
8	Rücklicht	16	Speichenreflektoren

- Anschließend wird reflektiert, welche Teile notwendig sind für die Fahrtüchtigkeit (Aufgabe 2) und notwendig sind für die Verkehrssicherheit des Fahrrads (Aufgabe 3).
- Nach Möglichkeit wird den Kindern nun ein Fahrrad mit erheblichen sichtbaren Sicherheitsmängeln zur Verfügung gestellt, welche von den Kindern erkannt und benannt werden sollen. Zusätzlich können die Kinder die Abbildungen von M 3 auf Mängel untersuchen. Dazu sollen sie eine Mängelbeschreibung verfassen.
- In Kleingruppen reflektieren die Kinder, inwieweit die erarbeiteten Fachbegriffe von M 2 in der Mängelbeschreibung verwendet wurden und ob die Darstellung der Mängel eindeutig und verständlich ist. Gegebenenfalls werden die Texte gemeinsam überarbeitet.
- Zusätzlich können die Kinder weitere Mängelbeschreibungen verfassen, indem sie die mitgebrachten Fahrräder der anderen Kinder bzw. Fahrräder von Familienmitgliedern untersuchen.
- Als vertiefende Übung zu den Sicherheitsaspekten des Fahrrads und gleichzeitig zur Wiederholung der Bestimmung der Satzteile füllen die Kinder den Lückentext von M 4 aus. Um die Lücken zu füllen, müssen sie die Frage mit dem richtigen Fragepronomen (*Wer?* oder *Wen?*) stellen. Als Differenzierung kann der Hinweis gegeben werden, dass die einzusetzenden Begriffe im ersten Teil des Textes vorkommen.
- Die Bezeichnungen für die Bestandteile des Fahrrads werden von den Kindern als Lernwörter selbstständig mit den bekannten Methoden (Schleichdiktat, Dosendiktat, Partnerdiktat) geübt.
- Ergänzend kann das Lied „An meinem Fahrrad ist alles dran" von Rolf Zuckowski gesungen werden (M 5).

Baustein 3

Der Reifen ist platt – Vorgangsbeschreibungen verfassen, ordnen und überarbeiten

Material:

- M 6–7, S. 82–83
- kaputter Fahrradschlauch
- Reifenheber
- Flickzeug: Gummilösung, Flicken, Schmirgelpapier
- Schüssel mit Wasser
- Luftpumpe

Unterrichtsschritte:

- Wenn bei den Fahrrädern der Kinder in Baustein 2 Mängel festgestellt werden, sollen die Kinder möglichst selbstständig fehlende Teile besorgen und Reparaturen vornehmen. Das Flicken eines Fahrradschlauchs können die Kinder in diesem Baustein erlernen.
- Mit Hilfe der Bildfolge von M 6 beschreiben die Kinder zunächst mündlich den Vorgang beim Flicken eines Fahrradschlauchs. Anschließend führen sie diesen Vorgang gemeinsam oder in Kleingruppen durch.
- In Einzel- oder Partnerarbeit verfassen sie eine Anleitung zum Flicken eines Fahrradschlauchs. Dabei greifen sie auf die in Baustein 2 erarbeiteten Fachbegriffe zurück. Als Hilfe dienen die Stichworte von M 6.
- In Kleingruppen überprüfen die Kinder, ob in den Vorgangsbeschreibungen die wichtigen Arbeitsschritte genannt und treffend beschrieben wurden. Gegebenenfalls überarbeiten sie die Texte.
- Als zusätzliche Übung bringen sie die verwürfelte Anleitung zum Flicken (M 7) in die richtige Reihenfolge. Dabei soll ihnen der gleichförmige Aufbau der Sätze auffallen und auch verändert werden, indem die Kinder Sätze umstellen und passende Adverbien und Konjunktionen einsetzen.

Baustein 4

Verkehrsregel-Test – Sätze bilden, Satzzeichen verwenden und Satzglieder bestimmen

Material:

- M 8–10, S. 84–86
- M 8–9 als OHP-Folien, S. 84–85
- OHP
- Karten mit Satzteilen von M 10, S. 86

Unterrichtsschritte:

- Zunächst bearbeiten die Kinder auf M 8 eine Leseübung zu den im Sachunterricht erarbeiteten Verkehrszeichen.
- Anschließend sollen sie die Erklärungen zu den Verkehrszeichen mit passenden Satzzeichen versehen. Zum Teil handelt es sich um Aussagesätze, zum Teil sind es Regeln in Form von Aufforderungen. Bei einigen Sätzen sind sowohl Punkte als auch Ausrufezeichen möglich.
- Beim Vergleichen der Lösungen im Plenum sollen die Kinder die Verwendung von Punkt und Ausrufezeichen noch einmal erläutern (vgl. auch 2. Klasse, Band 1, S. 80). Die Lösungen können auf eine OHP-Folie eingetragen werden.
- Auch im Text von M 9 setzen die Kinder in Einzel- oder Partnerarbeit die richtigen Satzzeichen ein. Dabei müssen auch Frage- und Redezeichen benutzt werden. Hier kann als Differenzierung der Tipp gegeben werden, zunächst die Sätze zu unterstreichen, die von Personen gesprochen werden. Dies setzt bereits Textverständnis voraus.

- Bei der Reflexion können die richtigen Lösungen ebenfalls auf eine OHP-Folie eingetragen werden. Die Kinder sollen dabei erläutern, wie sie zu den Lösungen gekommen sind, indem sie die Anteile der wörtlichen Rede benennen und auf die Verben Bezug nehmen, welche die Redeabsichten verdeutlichen.
- Das Arbeitsblatt M 10 thematisiert ebenfalls Verkehrszeichen und Verkehrsregeln. Hier bilden die Kinder Aussagesätze, wobei sie an die richtige Reihenfolge der Satzteile, die Großschreibung am Satzanfang und den Punkt am Satzende denken müssen. Als Vorübung können die Satzteile zunächst auf Karten geschrieben und im Sitzkreis von den Kindern geordnet werden.
- Anschließend bestimmen sie in allen Sätzen jeweils Subjekt und Prädikat. Dabei lernen sie, dass das Prädikat in einigen Fällen aus zwei getrennt stehenden Wörtern besteht.
- Bei der Reflexion wird thematisiert, dass die Satzglieder in einigen Fällen auf verschiedene Weise geordnet werden können. Dies lässt sich visualisieren, indem alle Sätze mit vorbereiteten Karten gelegt werden.

Baustein 5

Rund ums Radfahren – Berichte, Erzählungen und Beschreibungen verfassen und überarbeiten

Material:

- M 11 als Auftragskarten, S. 87
- M 12–13, S. 88–89
- M 14–15 als Auftragskarten, S. 90–91
- Papier
- Computer
- Wörterbücher

Unterrichtsschritte:

- Dieser Baustein bietet eine Schreibwerkstatt zu verschiedenen Textsorten, die in den vorherigen Unterrichtsreihen behandelt wurden. Anhand der Auftragskarten von M 11 entscheiden sich die Kinder für ein Schreibangebot:
  - *Angebot 1:* Die Kinder verfassen eine Gegenstandsbeschreibung zu ihrem eigenen Fahrrad.
  - *Angebot 2:* Zunächst sammeln die Kinder inhaltliche Ideen für eine Fahrradgeschichte, entscheiden sich dann für eine Idee und verfassen dazu eine Erzählung über ein tatsächliches oder erfundenes Erlebnis. Dabei berücksichtigen sie den Aufbau einer Erzählung (siehe 3. Unterrichtsreihe, S. 67).
  - *Angebot 3:* Hier schreiben die Kinder einen Unfallbericht, wobei sie die Stichworte von M 12 als Anregungen nutzen können. Sie können dabei auch auf die Hinweise zum Schreiben eines Berichts zurückgreifen (siehe 3. Klasse, Band 2, S. 42).
  - *Angebot 4:* Zunächst suchen die Kinder möglichst viele Argumente für das Fahrradfahren und für das Mitfahren im Auto (M 13). Darauf aufbauend schreiben sie ein Streitgespräch als Dialog zwischen zwei Kindern zu diesem Thema.
- Wenn jedes Kind mindestens ein Schreibangebot bearbeitet hat, werden zunächst die Überarbeitungstipps von M 14 und M 15 gelesen und besprochen.
- Anschließend führen die Kinder in Kleingruppen Schreibkonferenzen (siehe S. 10/11) durch. Nachdem sie im ersten Schritt jeweils über den ganzen Text gesprochen haben, sollen sie diesmal als zweiten Schritt für jeden Text einen der Überarbeitungstipps von M 14 und M 15 festlegen, den das schreibende Kind anschließend selbstständig umsetzen soll. Jedes Kind überarbeitet seinen Text durch Streichungen und Anmerkungen am Rand. Kinder, denen die Überarbeitung Schwierigkeiten bereitet, können dies auch in Partnerarbeit erledigen.
  - *Tipp 1* (M 14) regt dazu an, das Wortfeld *Fahrrad fahren* zu entwickeln und für die Überarbeitung zu nutzen, wenn zu häufige Wiederholungen dieses Wortes vorliegen. Dieser Auftrag bezieht sich vor allem auf die Erlebniserzählungen.
  - Bei *Tipp 2* (M 14) sollen die Kinder verschiedene Konjunktionen und Adverbien für die Satzanfänge sammeln und in ihre Texte einsetzen.

- ○ *Tipp 3* (M 14) zielt ebenso auf die Umgestaltung gleichförmiger Sätze, hier durch Umstellen der Satzteile.
- ○ *Tipp 4* (M 15) fordert dazu auf, eine passende Überschrift zu finden. Dabei sollen die Kinder auf die jeweilige Textsorte und die dementsprechende Funktion der Überschrift achten.
- ○ *Tipp 5* (M 15) macht die Kinder auf die Gliederung längerer Texte in Abschnitte aufmerksam, die das Lesen erleichtern.
- ○ *Tipp 6* (M 15) bezieht sich auf die Reihenfolge der Texte. Auch hier ist von Belang, um welche Textsorte es sich handelt. Während bei Berichten und Erlebniserzählungen die Beachtung der zeitlichen Abfolge den meisten Kindern geläufig ist, erhalten sie darüber hinaus Hinweise für die Abfolge bei einer Gegenstandsbeschreibung.

- In einem dritten Schritt kontrollieren und korrigieren die Kinder gemeinsam die Rechtschreibung in ihren Texten mit Hilfe des Schreibhelfers (siehe 2. Klasse, Band 1, S. 102) und des Wörterbuchs.
- Danach schreibt jedes Kind seinen Text noch einmal ab, evtl. am Computer.
- Bei der Präsentation und Reflexion der Texte lesen mehrere Kinder ihre Texte vor und berichten, welchen Überarbeitungstipp sie benutzt haben und welche Schwierigkeiten aufgetreten sind.
- In der Folgezeit kann Gelegenheit zum Schreiben weiterer Texte gegeben werden, so dass die Kinder die erarbeiteten Tipps in neuen Texten umsetzen können.

Lernwörter

	abbiegen, er biegt ab
	aufpumpen, er pumpt auf
	fahren, er fährt
das	**Fahrrad**, die Fahrräder
der	**Fahrradschlauch**, die Fahrradschläuche
die	**Fahrradtour**, die Fahrradtouren
	flicken, er flickt
der	**Flicken**, die Flicken
die	**Gabel**, die Gabeln
der	**Gepäckträger**, die Gepäckträger
die	**Klingel**, die Klingeln
der	**Lenker**, die Lenker
die	**Luftpumpe**, die Luftpumpen
das	**Pedal**, die Pedale
	prüfen, er prüft
die	**Prüfung**, die Prüfungen
das	**Rad**, die Räder
	Rad fahren, er fährt Rad
der	**Rahmen**, die Rahmen
der	**Reflektor**, die Reflektoren
die	**Regel**, die Regeln
der	**Reifen**, die Reifen
der	**Reifenmantel**, die Reifenmäntel
der	**Sattel**, die Sättel
die	**Schraube**, die Schrauben
	sicher, sicherer, am sichersten
die	**Speiche**, die Speichen
das	**Ventil**, die Ventile
der	**Verkehr**
das	**Verkehrsschild**, die Verkehrsschilder
die	**Vorfahrt**

Möglichkeiten der Lernerfolgskontrolle

Zur Selbstreflexion und für eine Beurteilung durch die Lehrkraft stellen die Kinder ein Portfolio zusammen, in dem die besten eigenen Texte zum Thema Fahrrad enthalten sind. Die Bewertung kann anhand folgender Kriterien erfolgen:

- *Rechtschreibung:* in erster Linie Richtigkeit der Lernwörter und der bisher erarbeiteten Rechtschreibregeln
- *Logik:* Reihenfolge der Ereignisse
- *Satzbau:* richtige Abfolge der Satzglieder, abwechslungsreicher Aufbau der Sätze innerhalb eines Textes, abwechslungsreiche Satzanfänge
- Richtige Verwendung der *Satzzeichen*
- *Stimmigkeit von sprachlicher Gestaltung und Textabsicht* (Berichten, Erzählen, Beschreiben)
- *Textgliederung:* Gliederung längerer Texte in passende Abschnitte
- *Überschrift:* Originalität und Stimmigkeit zur Textabsicht
- Abwechslungsreiche und passende Verwendung verschiedener Verben des Wortfeldes *Fahrrad fahren*

Außerdem sollte berücksichtigt werden, inwieweit die Kinder die Überarbeitungshinweise umgesetzt haben.
Im Rahmen einer Klassenarbeit oder einer schriftlichen Übung kann M 16 (s. Seite 92) genutzt werden. Hier sollen die Kinder zu dem abgebildeten Fahrrad eine Mängelbeschreibung verfassen. Bewertet werden die Vollständigkeit, die Rechtschreibung der Lernwörter und die verständliche Darstellung des Sachverhaltes. Darüber hinaus kann mit M 16 die Bestimmung der Satzglieder überprüft werden.

Kommentierte Literaturhinweise

Für die Lehrkraft:

- Bausteine Grundschule (Hrsg.): Mit Köpfchen unterwegs – Verkehrserziehung. Aachen: Bergmoser und Höller 2005.
  Aus dem Arbeitsmaterial zur Verkehrserziehung sind für die vorliegende Unterrichtsreihe insbesondere die Arbeitsblätter zum Einprägen der Verkehrszeichen sowie die Vorschläge für einen Fahrradparcours und einen Fahrradsicherheitscheck als Ergänzung sinnvoll einsetzbar.
- Diakonisches Werk der Evangelischen Kirche in Deutschland für die Aktion „Brot für die Welt" (Hrsg.): Rund ums Fahrrad – rund um die Welt. Unterrichtsmaterial für die Klassen 4–7. Stuttgart 1998.
  In diesem Unterrichtsmaterial geht es um die Nutzung des Fahrrads im Alltag auf der ganzen Welt: Mal ist das Fahrrad Sportgerät, mal notwendiges Fortbewegungsmittel, mal dient es dem Warenverkauf. Die Bestandteile des Fahrrads, die erforderlichen Rohstoffe sowie deren Herkunft werden benannt. Die Kinder lernen verschiedene, zum Teil skurrile Fahrradtypen kennen. Ebenso findet man Material zum Fahrrad als umweltfreundliches Verkehrsmittel sowie eine fahrradfreundliche Verkehrsplanung in der Stadt (Stationen für den Unterricht und Vorschläge für Feste und Aktionen).
- Kesseler, Eva: Lernwerkstatt Verkehrserziehung. Kempen: Buchverlag Kempen 2000.
- Van der Plas, Rob: Die Fahrradwerkstatt. Reparatur und Wartung Schritt für Schritt. Bielefeld: Bielefelder Verlagsanstalt 1993.
  Anhand von Fotos, Zeichnungen und kurzen Texten werden hier anschaulich Informationen zu Fahrradteilen, Werkzeug, Reinigung, Funktionsweise von Schaltungen und Bremsen sowie zu Reparaturen gegeben.

Für die Kinder:

- Grabis, Bettina/Dissmann, Axel: Mein Fahrrad und ich. Ein Fahrrad-Handbuch für Kinder. Hamburg: Xenos 1998.
  Mit Hilfe von kurzen Sachtexten und Zeichnungen werden hier in sehr übersichtlicher Form Informationen zu den Teilen des Fahrrads, zur Notwendigkeit eines Fahrradhelmes, zu verschiedenen Fahrradtypen, Fahrradkauf, Fahrradpflege und Schutz vor Diebstahl gegeben. Ebenso findet man Hinweise zu den Verkehrszeichen und -regeln, zur Planung von Radtouren und zum Verhalten bei Unfällen und Pannen sowie Anregungen für Radfahrübungen.
- Mennen, Patricia/Krautmann, Milada: Mein Fahrrad – Erstes Wissen. Ravensburg: Ravensburger Buchverlag 2001.
  Anregungen zum Radfahrtraining in Form eines Fahrradparcours, Hinweise zu Verkehrsregeln und -schildern, Tipps zum Fahrradkauf, Informationen über verschiedene Fahrradtypen, über Werkzeug und Fahrradteile sowie Tipps für einen Fahrradcheck und für das Verhalten auf längeren Radtouren werden hier in eine bebilderte Geschichte verpackt. Zusätzlich gibt es kurze Erklärungstexte, ein Glossar, ein Quiz und einen Informationstext zur Geschichte des Fahrrads.

- Tödt, Klaus/Rübel, Doris: Fahr Rad! Das Buch für Bike-Fans. Aarau/Frankfurt am Main/Salzburg: Kinderbuch-Verlag Luzern 1996.

  Das Buch enthält längere Texte mit Zeichnungen, Diagrammen und Fotos über Historisches, verschiedene Fahrradtypen, Fahrradkauf, Radrennsport, Mountainbiking, Wartung und Reparaturen, Radfahrtraining, Fahrrad-Berufe, den Gebrauch des Fahrrads in anderen Ländern, Umweltaspekte sowie Sensationen und Rekorde. Auch hier findet sich im Anhang ein Glossar.

Internetadressen:

- www.beiki.de

  Auf dieser Internetseite können Kinder „Lerntouren" zu den Bereichen Verhalten im Verkehr, Verkehrssicherheit des Fahrrads, Umweltaspekte des Radfahrens und Geschichte des Fahrrads durchführen, welche hervorragend aufbereitete Quizfragen, Spiele, Infos und Forscheraufgaben enthalten.

- www.berater.bildung-rp.de/thier

  Die Lehrkraft findet hier umfassende Informationen und kostenlose Downloads von Software zur Verkehrserziehung.

- www.erft.de/schulen/avek

  Der Arbeitskreis Verkehrserziehung Köln bietet hier Testbögen zur Radfahrerziehung an.

- www.gib-acht-im-verkehr.de

  Die Kinder finden hier Radfahrtipps, ein Verkehrsquiz, ein Verkehrs-Malbuch zum Ausdrucken sowie einen Film zum sicheren Schulweg.

- www.helmi.at

  Auf dieser Internetseite für Kinder finden sich Quizspiele zur Verkehrssicherheit des Fahrrads und zum richtigen Verhalten im Verkehr sowie Verkehrstipps in eher einfacher Form.

- www.kinderinfo.de/verkehr

  Hier findet man Rechtsurteile zum Verkehr für Kinder erklärt.

- www.pollux-lernsoftware.de

  Die Kinder können auf dieser Seite Animationen und Testspiele zum verkehrssicheren Fahrrad und dem richtigen Verhalten im Verkehr durchführen.

- www.vkwodw.de/Verkehr/verkehr.html

  Die Lehrkraft kann sich hier über die aktuelle Straßenverkehrsordnung und die Bedeutung von Verkehrszeichen informieren.

Fragen rund ums Radfahren

1. Kannst du Fahrrad fahren?

☐ ja ☐ nicht so gut ☐ nein

2. Hast du ein eigenes Fahrrad?

☐ ja ☐ nein

3. Wohin fährst du mit dem Fahrrad?

____

____

4. Welche Wege benutzt du?

☐ Straßen ☐ Gehwege ☐ Radwege ☐ Schulhof

☐ ______________________________

5. Mit wem fährst du Fahrrad?

☐ mit Freunden ☐ mit den Eltern ☐ allein

☐ ______________________________

6. Trägst du einen Fahrradhelm?

☐ ja ☐ nein ☐ manchmal

Warum?

____

____

7. Welche Teile gehören zu einem verkehrssicheren Fahrrad?

____

____

____

Ein verkehrssicheres Fahrrad

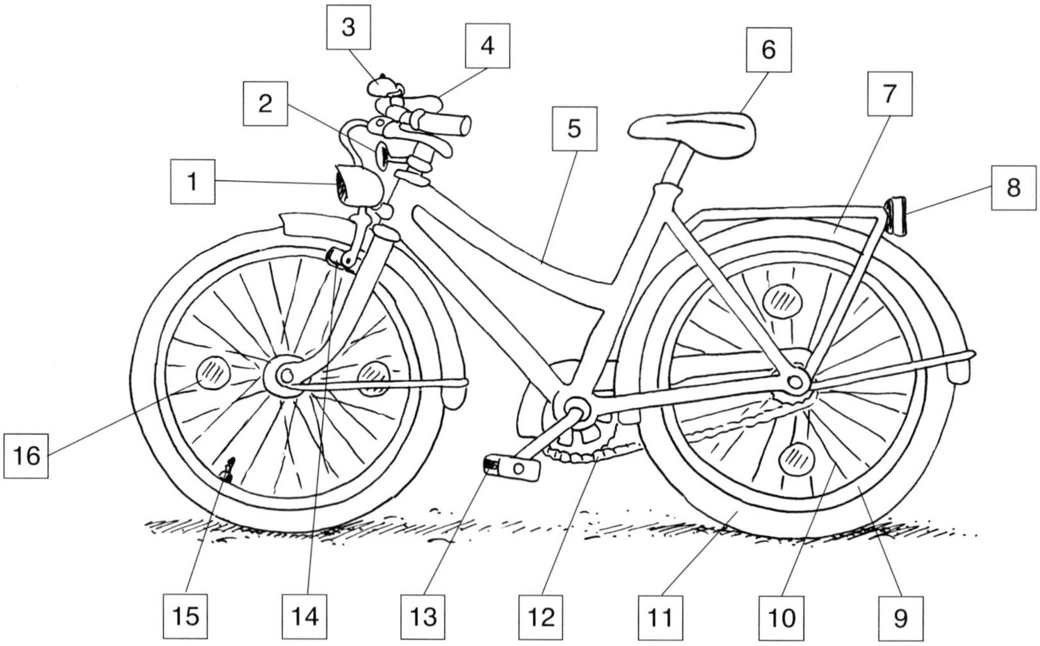

1 *Beschrifte die Teile des Fahrrads.*

1		9	
2		10	
3		11	
4		12	
5		13	
6		14	
7		15	
8		16	

2 *Welche Teile müssen in Ordnung sein, damit du mit dem Fahrrad überhaupt fahren kannst? Unterstreiche sie grün.*

3 *Welche Teile sind wichtig, damit du mit dem Fahrrad auf der Straße sicher fahren kannst? Unterstreiche sie rot.*

4 *Wozu sind die einzelnen Teile wichtig? Schreibe so in dein Heft:*

Jedes Fahrrad muss ein Rücklicht haben, damit die Autofahrer das Fahrrad im Dunkeln von hinten sehen können.

Name: Datum: **M 3**

Ist das Fahrrad startklar?!

Fahrrad Nr. 1

Fahrrad Nr. 2

1 *Kreise die Teile der Fahrräder ein, mit denen etwas nicht in Ordnung ist.*

2 *Wähle eines der beiden Fahrräder aus. Beschreibe die Mängel:*

Fahrrad Nr. _____ ist nicht verkehrssicher. Am Vorderrad und am Hinterrad fehlen die Speichenreflektoren. …

Fahrrad-Inspektion

Morgen sollen Hanna und Paul ihre Fahrräder mit in die Schule bringen, weil sie für die Radfahrprüfung üben werden. Pauls Fahrrad hat schon eine ganze Weile unbenutzt in der Garage gestanden. Deshalb sehen die beiden nach, ob sein Fahrrad überhaupt startklar ist. Sie prüfen den Lenker, die Klingel, die Reifen, die Reifenmäntel, die Bremse, die Räder, den Sattel, alle Schrauben, die Vorderlampe, das Rücklicht, eben das ganze Fahrrad.

Den Sattel muss Paul etwas höher einstellen, damit er gut in die Pedale treten kann. ________________ hat noch die richtige Höhe. ________________ sitzen fest. Hanna probiert ________________ aus, man kann sie gut hören. Auch ________________ funktioniert. ________________ leuchtet. Aber ________________ ist schmutzig und leuchtet deshalb nicht so hell. ________________ haben Speichenreflektoren, sie müssen aber auch geputzt werden. ________________ haben noch viel Profil. Aber ________________ haben nicht genügend Luft, Paul muss sie noch einmal aufpumpen.

1 *Setze die fehlenden Wörter in den Text ein.*

2 *Welchen Satzteil hast du jeweils eingesetzt? Überlege, ob der Satzteil eine Antwort auf die Fragen **Wer** oder **Wen** gibt. Unterstreiche dann alle Subjekte blau und alle Wen-Ergänzungen grün.*

Name: Datum: **M 5**

An meinem Fahrrad ist alles dran

Musik und Text:
Rolf Zuckowski

So flicke ich einen Fahrradschlauch

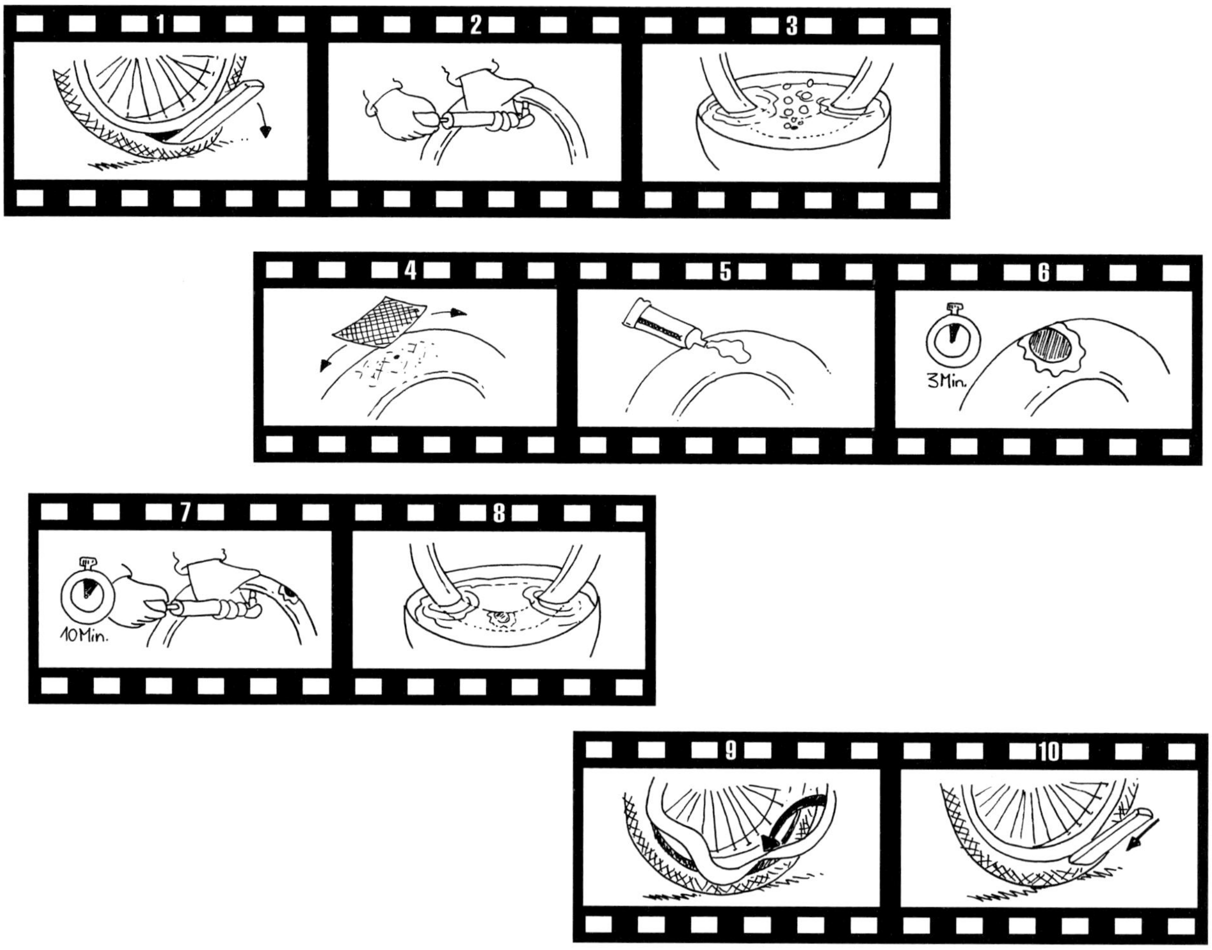

Beschreibe, wie du einen Fahrradschlauch flicken kannst.
Diese Wörter kannst du benutzen:

Radmantel über Felge heben — Reifenheber — Löffelstiel
Schlauch hervorholen — aufpumpen — in Wasser halten
Luftbläschen — undichte Stelle — Schmirgelpapier aufrauen
Gummilösung auftragen — Schutzfolie — Flicken aufkleben
aufpumpen — prüfen
leeren Schlauch unter Mantel legen — Mantel auf Felge schieben

Schreibe so in dein Heft:

Zuerst hebe ich den Radmantel mit einem Reifenheber oder einem Löffelstiel über die Felge. Dann ...

Name: Datum: **M 7**

Flicke ich so einen Fahrradschlauch?

Ich halte den Fahrradschlauch in eine Schüssel mit Wasser und prüfe, an welcher Stelle Luftbläschen aufsteigen.

Ich hebe den Radmantel mit einem Reifenheber über die Felge.

Ich trage die Gummilösung auf die undichte Stelle auf.

Ich pumpe 10 Minuten später den Schlauch wieder auf.

Ich hole den Schlauch hervor und pumpe ihn auf.

Ich raue mit Schmirgelpapier den Schlauch an der undichten Stelle auf.

Ich lege den leeren Schlauch unter den Mantel.

Ich halte den Schlauch noch einmal in die Schüssel mit Wasser und prüfe, ob noch Luftbläschen aufsteigen.

Ich ziehe die Schutzfolie des Flickens ab und drücke den Flicken auf die Gummilösung.

Ich schiebe den Mantel auf die Felge.

1. *Schneide die Textteile aus und ordne sie. Klebe sie dann in der richtigen Reihenfolge auf.*
2. *Lies noch einmal alle Sätze hintereinander. Was fällt dir auf?*
3. *Verändere die Sätze und schreibe den ganzen Text noch einmal in dein Heft:*
   a) Benutze Wörter wie zuerst, dann, danach, anschließend, zuletzt.
   b) Stelle die Sätze um. Beispiel:

   Ich pumpe 10 Minuten später den Schlauch wieder auf.
   10 Minuten später pumpe ich den Schlauch wieder auf.
   ...

Wichtige Verkehrszeichen und Regeln

1 *Male die Verkehrszeichen richtig an.*

2 *Verbinde die Verkehrszeichen mit den passenden Regeln.*

3 *Setze in den Regeln das richtige Satzzeichen ein.*

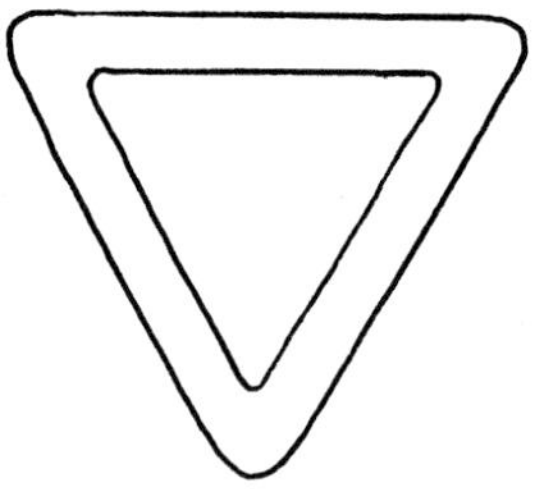

Einfahrt für Radfahrer verboten ☐

Am Fußgängerüberweg müssen auch Radfahrer anhalten, wenn Fußgänger die Straße überqueren möchten ☐

Achtung, hier haben andere Vorfahrt ☐

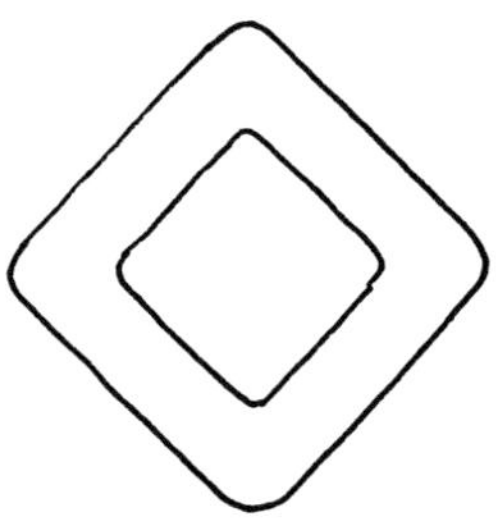

Vorsicht, hier ist eine Schule oder ein Kindergarten ☐
Deshalb: Langsam fahren ☐

Auf dieser Straße habe ich Vorfahrt ☐

Name: Datum: **M 9**

Verkehrsregel-Test

Als sie mittags aus der Schule kommt, ruft Hanna ___ Nächste Woche ist Radfahrprüfung ___ Dann darf ich endlich mit meinem Fahrrad auf der Straße fahren ___ Hannas Mutter fragt ___ Kennst du denn überhaupt schon alle Verkehrsregeln ___ Genervt antwortet Hanna ___ Na klar, das ist doch alles babyleicht ___ Das weiß ich doch alles schon lange ___ Aber Hannas Mutter ist da nicht so sicher, sie will Hanna testen ___

Sie fragt ___ Also gut, auf wen musst du denn im Verkehr besonders Rücksicht nehmen ___ Das findet Hanna einfach, sie meint ___ Na, auf die Autos natürlich ___ Ich muss aufpassen, dass sie mich nicht überfahren ___ Hannas Mutter ist noch nicht ganz zufrieden und antwortet ___ Natürlich kann es sein, dass ein Autofahrer dich nicht sieht ___ Aber du musst auch auf andere Verkehrsteilnehmer achten, zum Beispiel auf andere Radfahrer oder auf Fußgänger ___ Wann sollst du nämlich gar nicht auf der Straße fahren ___ Das weiß Hanna natürlich und antwortet blitzschnell ___ Wenn es einen Radweg gibt, fahre ich natürlich dort ___ Dann will Hannas Mutter noch wissen ___ Wie sieht denn eigentlich das Schild für den Radweg aus ___ Nach kurzem Überlegen antwortet Hanna ___ Also, entweder ist das so ein blauer Kreis mit einem weißen Fahrrad oder ein blauer Kreis, in dem oben zwei Fußgänger und unten ein weißes Fahrrad sind ___ Da fällt der Mutter noch ein ___ Und was bedeutet das dreieckige Schild, das einen roten Rahmen hat und ein schwarzes Kreuz in der Mitte ___ Jetzt hat Hanna bald keine Lust mehr auf Fragen, sie sagt ___ Mann, das weiß doch jeder ___ Das heißt Rechts vor Links ___ Wer von rechts kommt, hat Vorfahrt ___

Schließlich meint die Mutter ___ O. k., ich merke schon, du hast geübt ___ Aber denke daran: Wenn du mit Paul zusammen zur Schule fährst, fahrt auf der Straße nicht nebeneinander ___ Das ist gefährlich ___

1 *Setze die fehlenden Satzzeichen* . ! ? : „ “ *in den Text ein.*

2 *Überlege dir eigene Fragen zu den Verkehrszeichen und Regeln. Schreibe sie in dein Heft. Denke an die richtigen Satzzeichen.*

3 *Stellt euch gegenseitig eure Fragen.*

Die Radfahrprüfung

Bevor es losgeht, versucht Hanna, sich noch einmal an alle wichtigen Regeln zu erinnern. Sie ist sehr aufgeregt, deshalb sind die Sätze in ihren Gedanken durcheinandergepurzelt.

fahre	auf der rechten Seite der Fahrbahn	ich		
ich	an der roten Ampel	an	halte	
am Zebrastreifen	ich	auf Fußgänger	achte	
bleibe	stehen	ich	am Stopp-Schild	
Handzeichen	vor dem Abbiegen	ich	gebe	
benutze	den rechten Radweg	ich		
vor dem Linksabbiegen	ich	den Gegenverkehr	lasse	vorbei

1 *Schreibe die Sätze richtig in dein Heft.*

2 *Unterstreiche in jedem Satz das Subjekt blau und das Prädikat rot.*

Das **Prädikat** kann aus zwei Wörtern bestehen.
Manchmal stehen andere Satzteile zwischen diesen Wörtern.

Beispiel: Ich biege an der Straßenkreuzung ab.

Angebot 1

Das gestohlene Fahrrad

Du brauchst: Papier

1 *Stell dir vor: Dein Fahrrad wurde gestohlen. Nun musst du der Polizei beschreiben, wie es aussieht. Notiere dir zunächst wichtige Merkmale deines Fahrrads in Stichworten:*
- die Marke deines Fahrrads
- die Farbe des Rahmens, des Sattels, der Lenkergriffe usw.
- die Größe der Reifen in Zoll
- besonderes Zubehör wie Tacho, Halter für die Trinkflasche oder Ähnliches
- besondere Kennzeichen wie Kratzer oder Beulen

2 *Verfasse eine Beschreibung deines Fahrrads.*

Angebot 2

Auf einer Fahrradtour kann man viel erleben …

Du brauchst: Papier

1 *Sammle Ideen für eine Fahrradgeschichte in einem Cluster.*

Unfall Picknick Panne

Fahrradtour — falscher Weg

2 *Entscheide dich für eine Idee und schreibe dazu eine Geschichte. Denke daran: Eine gute Geschichte hat immer eine Überschrift, eine Einleitung, einen Hauptteil und einen Schluss.*

Angebot 3

Ein Unfall

Du brauchst: Arbeitsblatt M 12, Papier

1 *Stell dir vor: Du hattest einen Unfall mit deinem Fahrrad. Nun sollst du der Polizei darüber berichten. Auf dem Arbeitsblatt kannst du Stichworte dazu lesen, wie der Unfall passiert sein könnte.*

2 *Schreibe einen Bericht über den Fahrradunfall.*

3 *Lies deinen Text noch einmal und überprüfe, ob du wichtige Informationen vergessen hast:*
- Wann ist es passiert?
- Wo ist es passiert?
- Wer war beteiligt?
- Wie ist es passiert?
- Welche Folgen hat der Unfall?

Angebot 4

Fahrrad oder Auto

Du brauchst: Arbeitsblatt M 13, Papier

1 *Überlege: Warum ist Radfahren besser als Autofahren? Warum ist Autofahren besser als Radfahren?*

2 *Lies die Tabelle auf dem Arbeitsblatt. Schreibe weitere Gründe auf, warum Radfahren oder Autofahren besser ist.*

3 *Stell dir vor: Tim und Stefan streiten, ob sie mit dem Fahrrad zum Fußballtraining fahren sollen oder sich von Tims Mutter mit dem Auto bringen lassen. Schreibe ein Streitgespräch.*

Tim:
Stefan:
Tim: …

Angebot 3

Ein Unfall

Suche dir einen Fall aus. Schreibe einen Bericht.

Fall 1

- wollte mit dem Fahrrad links abbiegen
- entgegenkommendes Auto nicht gesehen
- Auto, das entgegenkommt, zu schnell
- Auto konnte nicht rechtzeitig bremsen
- vom Auto angefahren worden und gestürzt

Fall 2

- wollte an Kreuzung mit dem Fahrrad geradeaus fahren
- hatte Vorfahrt, weil Rechts-vor-Links gilt
- Auto von links hielt nicht an
- vom Auto angefahren worden und gestürzt

Fall 3

- am Zebrastreifen Fußgänger nicht gesehen
- im letzten Moment gebremst und gestürzt
- Fußgänger konnte ausweichen

Fall 4

- auf dem Radweg mit Fahrrad gefahren
- in der Kurve kam Mofafahrer entgegen
- im letzten Moment gebremst und dann gestürzt

Fall 5

- auf Geh- und Radweg mit Fahrrad gefahren
- Mann mit Hund kommt entgegen
- Hund lief plötzlich in die Mitte des Weges
- in die Hundeleine gefahren und gestürzt

Fall 6

- mit Freund auf dem Radweg nebeneinander gefahren
- Freund musste Stein am rechten Rand des Radwegs ausweichen
- zusammengestoßen

Fall 7

- auf rechter Fahrbahn mit Fahrrad gefahren
- plötzlich Kind auf die Straße gelaufen
- mit Fahrrad gegen Kind gefahren

Fall 8

____

____

____

____

____

Angebot 4

Fahrrad oder Auto?

Sammle Gründe dafür, dass Fahrradfahren besser ist, und dafür, dass Mitfahren im Auto besser ist.

Fahrradfahren ist besser, weil … 	**Mitfahren im Auto ist besser, weil …** 
… es besser für die Umwelt ist.	… man mehr Gepäck mitnehmen kann.

Name: Datum: **M 14**

Texte überarbeiten

Tipp 1: Verben verändern

Wenn du in deinem Text die Wörter *Fahrrad* und *fahren* sehr oft benutzt hast, kannst du sie durch andere Wörter ersetzen.

1 *Sammle zunächst andere Wörter zum Wortfeld „Fahrrad fahren".*

radeln in die Pedale treten sausen flitzen

kurven abbiegen

2 *Ersetze in deinem Text das Wort „fahren" durch passende andere Wörter.*

biege

Beispiel: Ich ~~fahre~~ um die Ecke.

Texte überarbeiten

Tipp 2: Satzanfänge verändern

Wenn in deinem Text alle Sätze gleich anfangen, kannst du verschiedene Wörter an den Anfang setzen.

Beispiele: Zuerst, Am Anfang, Dann, Danach, Anschließend, Zuletzt, Zum Schluss, Nach einiger Zeit, Nach einigen Metern, Einige Zeit später, Plötzlich, Dort, …

1 *Sammle weitere Wörter.*

2 *Setze sie in deinen Text ein.*

Beispiel: *Dort*

Wir sind den Hügel hinaufgefahren. ~~Und dann~~ haben wir kurz angehalten.

~~Und dann~~ schrie Stefan: …

Plötzlich

Texte überarbeiten

Tipp 3: Sätze umstellen

Dein Text hört sich interessanter an, wenn nicht alle Sätze gleich aufgebaut sind.

• Beim Fahrradfahren bewegt man sich.	→	• Man bewegt sich beim Fahrradfahren.
• Mitfahren im Auto ist weniger anstrengend.	→	• Weniger anstrengend ist …
• Fahrradfahren ist besser für die Umwelt.	→	• Besser für die Umwelt ist …
• Beim Autofahren wird man bei Regen nicht nass.	→	• …

Stelle Sätze aus deinem eigenen Text um. Schreibe sie zum Ausprobieren auf ein Blatt. Überlege dann, welche Sätze am besten in deinen Text passen.

Texte überarbeiten

Tipp 4: Passende Überschrift

Bei einer **Erzählung über ein Erlebnis** sollte die Überschrift originell sein und neugierig machen.

Beispiele: Keine Angst vor steilen Abhängen und scharfen Kurven
Die lustigste Panne der Welt

Bei einem **Bericht oder bei einer Beschreibung** sollte die Überschrift Auskunft über den Inhalt des Textes geben.

Beispiele: Der Fahrradunfall am 13. Juni 2005
So flicke ich einen Fahrradschlauch
Diebstahl eines Kinderfahrrads

Überlege dir eine Überschrift, die zu deinem Text passt.

Texte überarbeiten

Tipp 5: Texte gliedern

Längere Texte solltest du in Abschnitte einteilen. Fange eine neue Zeile an, wenn es um eine andere Sache geht oder wenn in einer Geschichte einige Zeit vergangen ist.

Setze an den Stellen Striche in deinen Text ein, wo du einen neuen Abschnitt anfangen möchtest.

Texte überarbeiten

Tipp 6: Die Reihenfolge beachten

a) *Erzählung oder Bericht:*
Schreibe über die Dinge in der Reihenfolge, in der sie tatsächlich passiert sind.

b) *Beschreibung eines Vorgangs:*
Beschreibe die Schritte, die man beachten muss, in der richtigen Reihenfolge.

c) *Beschreibung eines Gegenstands:*
Beginne mit großen Teilen des Gegenstands. Beschreibe dann die Einzelheiten. Springe nicht von einem Teil zum anderen. Beschreibe Teile, die nebeneinanderliegen, direkt nacheinander.

1 *Überprüfe, ob in deinem Text die Reihenfolge stimmt.*

2 *Wenn nicht: Schneide die einzelnen Sätze deines Textes aus. Ordne sie und klebe sie dann auf ein neues Blatt.*

Mängelbeschreibung

1 *An diesem Fahrrad sind einige Dinge nicht in Ordnung. Beschreibe die Mängel.*

2 *Unterstreiche in deinem Text alle Subjekte blau und alle Wen-Ergänzungen grün.*

3 *Bilde aus den folgenden Wörtern sinnvolle Sätze.*

Schreibe die Sätze richtig in dein Heft.

Unterstreiche alle Subjekte blau und alle Prädikate rot.

setzt	auf	Paul	den Helm

auf mein Fahrrad	ich	steige

ab	biegt	nach links	Hanna	an der Kreuzung

5. Unterrichtsreihe: Sambia – irgendwo in Afrika

(ca. 12–15 Unterrichtsstunden)

Ziele

Mündliches Sprachhandeln

- eine Meinung äußern und begründen

Schriftliches Sprachhandeln

- Cluster und Mindmaps erstellen
- Sachverhalte in verständlicher Form aufschreiben
- einen Steckbrief schreiben

Umgang mit Texten und Medien

- unbekannte Begriffe mit Hilfe von Kinderlexika klären
- informierendes Lesen üben
- interpretierendes Lesen üben
- Informationen aus Texten erfassen und in Bildern, Tabellen, Steckbriefen und Mindmaps darstellen

Sprache reflektieren

- Textbelege zitieren

Bausteine der Unterrichtsreihe

1. Einstieg ins Thema – Clustern, Fragen stellen und Material sammeln
2. „Wie der Fluss in meinem Dorf“ – Eine Landschaftsbeschreibung lesen und bildnerisch umsetzen
3. Abschied aus dem Dorf – Fragen zum Text beantworten
4. Vorbereitung auf die neue Schule – Informationen aus dem Text mit eigenen Erfahrungen vergleichen
5. Auf dem Weg zur neuen Schule – Informationen aus dem Text mit eigenen Erfahrungen vergleichen und eine Beschreibung bildnerisch umsetzen
6. Angekommen in der Stadt Sambesi – Informationen aus dem Text in einer Tabelle darstellen
7. In der neuen Schule – Textbelege zitieren und Vermutungen anstellen
8. Toilettenprobleme – Eigene Ideen zum Thema des Textes entwickeln und Gedankengänge anderer nachvollziehen
9. Der Kontinent Afrika – Informationen aus einem Sachtext in einem Mindmap darstellen
10. Kreuz und quer durch Afrika – Informationen aus dem Sachtext in einer Karte darstellen
11. Das Land Sambia – Informationen aus dem Text in einem Steckbrief darstellen und sich eine Meinung bilden
12. Was hat Timos Hemd mit Sambia zu tun? – Informationen aus dem Text als Bildfolge darstellen und sich eine Meinung bilden

Didaktischer Kommentar

Während das Bild von Afrika in den Medien zum größten Teil geprägt ist durch Berichterstattungen über Kriege sowie politische und wirtschaftliche Schwierigkeiten, sollte Kindern im Unterricht in erster Linie ein positiver Zugang zum Thema Afrika ermöglicht werden. Es gilt, erste Eindrücke zu gewinnen und neugierig zu werden auf den natürlichen und kulturellen Reichtum und die Vielfalt dieses Kontinents. Ein globales Verantwortungsbewusstsein, das langfristig anzubahnen ist, setzt Kenntnisse über andere Länder und Kulturen, aber auch einen emotional positiven Zugang zu diesen voraus.

Durch die Arbeit mit Textausschnitten aus dem Kinderbuch „Wie der Fluss in meinem Dorf" von Nasrin Siege erhalten die Kinder Einblick in den Alltag des sambischen Mädchens Sombo, das sein kleines Dorf Chijenge verlassen muss, um in der Stadt Sambesi im Nordwesten Sambias die weiterführende Schule zu besuchen. Am Beispiel Sambias werden die Kinder mit den widersprüchlichen Gegebenheiten und Entwicklungen Afrikas konfrontiert: die Schönheit der Natur auf dem Land einerseits, der Komfort und das Warenangebot in der Stadt andererseits, dann wiederum auch die technischen Probleme, die mit dem Komfort verbunden sind. Mehr und mehr werden Sombo die sozialen Probleme des Landes bewusst: die Arroganz der Stadtmenschen gegenüber der von Armut geprägten Landbevölkerung, die fehlenden Schulen, der Unterrichtsausfall und Lehrermangel aufgrund der schlechten Bezahlung sowie die schlechten Aussichten, einen Berufs- oder Studienabschluss zu erlangen. Insbesondere Frauen werden immer noch benachteiligt, weil sie faktisch vom offiziellen Arbeitsmarkt ausgeschlossen sind. Trotzdem leisten sie durch ihre Arbeit in der Landwirtschaft und im Kleingewerbe den entscheidenden Beitrag zur Ernährung ihrer Familien.
Inwieweit unser eigenes Verhalten Auswirkungen auf die wirtschaftliche Situation in anderen Ländern hat, wird am Beispiel Sambias besonders hinsichtlich der Textilwirtschaft deutlich (Baustein 12). Nachdem die Textilindustrie in Sambia lange Zeit florierte, wird sie inzwischen durch den Markt von Altkleidern aus Europa und Amerika immer mehr verdrängt. Diese Altkleider werden in vielen afrikanischen Ländern im Vergleich zu heimischen Textilien zu Billigpreisen verkauft und ersetzen mehr und mehr die traditionelle Mode.

Indem die Kinder die Textausschnitte auf den Arbeitsblättern (M 1–7 in den Bausteinen 1 bis 8) lesen, setzen sie sich weitgehend selbstständig mit den wichtigsten Inhalten des Buches „Wie der Fluss in meinem Dorf" auseinander. Darüber hinaus kann das ganze Buch in der Klasse vorgelesen oder auch von den Kindern selbstständig gelesen werden. Zusätzlich bieten die Bausteine 9 bis 11 Sachtexte mit Informationen über Afrika und Sambia im Besonderen.
Sprachlicher Schwerpunkt der Unterrichtsreihe ist die Anwendung verschiedener Texterschließungsverfahren, die in den vorherigen Unterrichtsreihen eingeführt wurden, z. B. Texte aufgrund eigener Erfahrungen antizipieren, Fragen zu Texten beantworten, Textstellen markieren und zitieren sowie Informationen darstellen in Bildern, Tabellen und Mindmaps. Diese Texterschließungsverfahren helfen den Kindern – insbesondere Kindern mit Deutsch als Zweitsprache – auch schwierigere Texte zu erschließen und zu verstehen.

Bausteine der Unterrichtsreihe

Baustein 1

Einstieg ins Thema – Clustern, Fragen stellen und Material sammeln

Material:

- große Papierbögen
- dicke Stifte
- Zeitungen, Bücher, Internetseiten mit Material zum Thema Afrika

Unterrichtsschritte:

- In Kleingruppen von drei bis vier Kindern werden Cluster zum Thema Afrika auf einem großen Papierbogen erstellt. Dadurch erhält die Lehrkraft einen Einblick in die Vorkenntnisse der Kinder.
- Angeregt durch ihre Cluster überlegen sich die Kinder in Einzel- oder Partnerarbeit Fragen zum Thema Afrika. Als Hilfe werden die Fragepronomen *Wer, Wie, Was, Wann, Wo, Warum* an der Tafel vorgegeben. Die Kinder sollen zunächst alle Fragen notieren, die ihnen einfallen: Solche, die sie bereits beantworten können, und Fragen, zu denen sie Antworten erfahren möchten.
- Für die Reflexion im Plenum sucht sich jedes Kind drei Fragen aus, die es besonders interessant findet und liest sie vor. Diese Fragen können für die Weiterarbeit auf einem Plakat notiert werden. Es können Fragen ausgewählt werden, die von den Kindern in Mini-Projekten bearbeitet werden.
- Als Hausaufgabe erhalten die Kinder den Auftrag, Material zum Thema Afrika zu sammeln: Ausschnitte aus der Tageszeitung oder Wochenjournalen, Bücher, Internetseiten etc. Insbesondere sollen sie Informationen zum Land Sambia in Erfahrung bringen. Diese Dinge werden in der Klasse ausgestellt und können als Hintergrundinformationen zu den folgenden Unterrichtsbausteinen hinzugezogen werden.

Baustein 2

„Wie der Fluss in meinem Dorf" – Eine Landschaftsbeschreibung lesen und bildnerisch umsetzen

Material:

- M 1, S. 104
- Kinderlexika
- DIN-A3-Papier
- Stifte oder Wasserfarben

Unterrichtsschritte:

- Die Kinder bearbeiten den 1. Teil des Arbeitsblattes M 1. Aufgrund des vorhergegangenen Einstiegs in das Thema Afrika und durch die Hinweise im Text werden die Kinder sicherlich schnell herausfinden, dass der erste Textausschnitt von M 1 in einem afrikanischen Dorf spielt. Dazu zitieren die Kinder relevante Textstellen, die sie vorher unterstrichen haben.
- Die im Text vorkommenden Begriffe *Regenzeit* und *Antilope* erklären die Kinder anhand ihres Vorwissens oder mit Hilfe von Lexikonartikeln. Ebenso verfahren sie mit unbekannten Begriffen aus dem zweiten Textausschnitt.
- Um die genauere Auseinandersetzung mit der Landschaftsbeschreibung in den beiden Textausschnitten zu vertiefen, malen die Kinder ein Bild, das Details aus dem Text wiedergibt. Als Format sollte mindestens DIN A3 gewählt werden, die Wahl der Farben und Stifte kann freigestellt werden.
- Bei der Präsentation einiger Bilder wird reflektiert, ob die Beschreibung aus dem Text umgesetzt wurde bzw. wie die „Leerstellen" des Textes (d. h. die fehlenden Informationen) von den Kindern gefüllt wurden.

Baustein 3

Abschied aus dem Dorf – Fragen zum Text beantworten

Material:

- M 2, S. 105

Unterrichtsschritte:

- Indem die Kinder den Textausschnitt auf M 2 lesen und die ersten beiden Fragen beantworten, wird ihnen die Ausgangssituation in dem Kinderbuch deutlich: Das Mädchen Sombo wird ihr Dorf verlassen, um in der Stadt auf eine weiterführende Schule zu gehen.
  Dies verweist auf ein generelles Problem im Bildungssystem Sambias: Zwar ist der Besuch der siebenjährigen Grundschule Pflicht, doch nicht in allen Dörfern gibt es Schulen. Die Grundschule schließt mit einer Prüfung ab, die Voraussetzung für den Besuch einer weiterführenden Schule ist. Diese gibt es nur in den großen Städten. An allen weiterführenden Schulen sind Schuluniformen Pflicht. Während diese eigentlich für Gleichberechtigung unter den Schülern sorgen sollten, sind sie heute eher eine Barriere für den Schulbesuch von Kindern aus ärmeren Familien. Darüber hinaus müssen Schulgebühren und hohe Preise für Bücher bezahlt werden.
- Durch den kurzen Sachtext „Schule und Lernen in Afrika" (M 2) erhalten die Kinder Hintergrundinformationen zum Verständnis des Kinderbuches. Dies kann vertieft werden, indem sie sich über die Schulpflicht in Deutschland informieren.
- Bei der Reflexion im Plenum wird an der Tafel eine Tabelle erstellt, in der einzelne Aspekte des Schulsystems in Deutschland dem in Sambia gegenübergestellt werden. Beispiel:

Schule in Sambia	**Schule in Deutschland**
– 7 Jahre Schulpflicht	– 9 Jahre Schulpflicht
– 7 Jahre Grundschule	– 4 oder 6 Jahre Grundschule
– Prüfung am Ende der Grundschulzeit	– Gutachten der Lehrer am Ende der Grundschulzeit
– Schuluniformen an weiterführenden Schulen	– an den regulären Schulen keine Schuluniformen
– Schulgebühren für weiterführende Schulen	– keine Schulgebühren für weiterführende Schulen

- Im Anschluss an diesen Baustein können die Kinder über die Aktion „Schulen für Afrika" informiert werden (Informationen gibt es z. B. unter www.unicef.de/schulenfuerafrika). Ziel der Kampagne ist es, zwei Millionen afrikanischen Kindern den Schulbesuch zu ermöglichen, indem Schulgebäude errichtet, Arbeitsmaterial zur Verfügung gestellt und neue Lehrer geschult werden.

Baustein 4

Vorbereitung auf die neue Schule – Informationen aus dem Text mit eigenen Erfahrungen vergleichen

Material:

- M 3, S. 106

Unterrichtsschritte:

- Beim Lesen des Textausschnitts auf M 3 soll den Kindern deutlich werden, mit welchen Mühen die Vorbereitung auf die neue Schule für Sombo verbunden ist. Indem sie die Dinge auflisten, die Sombo für die neue Schule braucht, und erfahren, wie Sombo diese beschafft, verstehen sie, dass die Besorgung von Schulmaterial in Afrika ein Hindernis zum Besuch einer weiterführenden Schule sein kann. Beim Vergleich mit eigenem Schulmaterial wird ihnen aber auch deutlich, dass es sich bei Sombos neuer Schule um ein Internat handelt. Dazu gibt die Lehrkraft gegebenenfalls Hintergrundinformationen, wie z. B. dass die Kinder in der Schule essen und übernachten.
- In einer gemeinsamen Reflexion können einerseits die Überlegungen der Kinder zu den Fragen des Arbeitsblatts, aber auch die individuellen Leseeindrücke thematisiert werden. Dazu vervollständigen die Kinder folgende Satzanfänge:
  - „Beim Lesen habe ich mich darüber gewundert, dass …“,
  - „Beim Lesen habe ich mich gefragt, warum …“,
  - „Beim Lesen fiel mir ein, dass …“.

Baustein 5

Auf dem Weg zur neuen Schule – Informationen aus dem Text mit eigenen Erfahrungen vergleichen und eine Beschreibung bildnerisch umsetzen

Material:

- M 4, S. 107
- DIN-A3-Papier
- Stifte oder Wasserfarben

Unterrichtsschritte:

- Der Textausschnitt auf M 4 gibt den Kindern Einblicke in die Verkehrsprobleme des Landes Sambia sowie die Landschaft und Besiedelung. Bis 1995 war der staatliche Busverkehr gekennzeichnet durch Fahrzeuge in miserablem Zustand, eine sehr geringe Anzahl an Fahrzeugen sowie hohe Preise. Nach der Privatisierung verbesserte sich zwar die Qualität der Busse, die Fahrpreise stiegen jedoch so stark, dass sie für den Großteil der Bevölkerung unbezahlbar sind. Private Fahrzeuge gibt es vor allem auf dem Land kaum. Die Unfallquoten sind aufgrund der schlechten Straßenverhältnisse, der mangelnden Beleuchtung der Fahrzeuge und der Nichtbeachtung von Ampeln und Verkehrszeichen sehr hoch.
- Die Kinder erschließen die Informationen aus dem Text M 4, indem sie zusammenfassen, wie Sombo zu ihrer Schule kommt, dieses mit eigenen Erfahrungen mit Verkehrsmitteln in Deutschland vergleichen und Sombos Weg zur Schule in einem Bild darstellen.
- Im Plenum stellen die Kinder ihre Bilder vor, geben Erklärungen und zitieren passende Textbelege.

Baustein 6

Angekommen in der Stadt Sambesi – Informationen aus dem Text in einer Tabelle darstellen

Material:

- M 5, S. 108

Unterrichtsschritte:

- Als Vorbereitung auf den Textausschnitt auf M 5 können die Kinder Überlegungen dazu anstellen, inwieweit sich in Deutschland das Leben in einem Dorf von dem in einer Stadt unterscheidet.
- Die Informationen, welche die Kinder zu den Unterschieden zwischen der Stadt Sambesi und Sombos Dorf im Text finden, stellen sie in einer Tabelle zusammen.
- In der Reflexion werden die Ergebnisse in einer gemeinsamen Tabelle an der Tafel gesammelt. Die Kinder können vergleichen, ob sich in Deutschland Städte und Dörfer in gleicher Weise unterscheiden. Die Lehrkraft informiert die Kinder zusätzlich darüber, dass sich die Bevölkerung Sambias im Wesentlichen auf die Städte konzentriert.

Baustein 7

In der neuen Schule – Textbelege zitieren und Vermutungen anstellen

Material:

- M 6, S. 109
- Buch „Wie der Fluss in meinem Dorf" von Nasrin Siege (Weinheim und Basel: Beltz & Gelberg 1994).

Unterrichtsschritte:

- Als Einstieg sammeln die Kinder an der Tafel ihre Erwartungen, was anders wird, wenn sie bald selbst eine neue Schule besuchen werden.
- Beim Lesen des Textes von M 6 wird den Kindern deutlich, dass für Sombo an der neuen Schule viele Dinge neu sind – bedingt durch die großen Unterschiede zwischen afrikanischem Land- und Stadtleben. Dazu sollen die Kinder Textbelege zitieren. Ausgehend von dem Wissen, dass das Leben in der Stadt Sambesi im Vergleich zum Dorf technischen Komfort bietet, stellen die Kinder Vermutungen über weitere Unterschiede an.
- Im Klassengespräch werden die Überlegungen der Kinder reflektiert, indem sie ihre Vermutungen vergleichen und diskutieren. Die Vermutungen werden überprüft, indem weitere Ausschnitte aus dem Originaltext vorgelesen werden. So gibt es aufgrund der fehlenden Elektrizität und Wasserversorgung beispielsweise auf dem Land keine Duschen, keine Toiletten mit Wasserspülung und keine Elektroherde.

Baustein 8

Toilettenprobleme – Eigene Ideen zum Thema des Textes entwickeln und Gedankengänge anderer nachvollziehen

Material:

- M 7, S. 110

Unterrichtsschritte:

- Als Einstieg antizipieren die Kinder selbstständig den Text, indem sie sich vorstellen, es käme zu Hause kein Wasser mehr aus der Leitung. Sie schreiben ihre Überlegungen mit Hilfe der ersten Aufgabe von M 7 auf.
- Durch das Lesen des Textausschnitts und die Aufgabe 2 sollen die Kinder sich in Sombos Lage versetzen und zu verstehen versuchen, warum Sombo dem Leben in der Stadt nicht einen eindeutigen Vorzug gibt.
- Im abschließenden Klassengespräch kann die Frage diskutiert werden, ob die Kinder an Sombos Stelle lieber in der Stadt oder in einem Dorf leben würden. Als Hintergrundinformation erklärt die Lehrkraft den Kindern, dass Sambia im Gegensatz zu vielen anderen afrikanischen Gegenden einen Überschuss an Wasserressourcen hat. Etwa 45 % der gesamten Wasserressourcen im südlichen Afrika befinden sich in Sambia. Problematisch ist jedoch die Qualität des Trinkwassers. Weil die Kläranlagen unzureichend sind, ist das Leitungswasser stark gechlort und die Flüsse sind sehr verschmutzt. Vor allem auf dem Land ist die Trinkwasserversorgung unzureichend.
- Im Anschluss an diesen Baustein kann Stück für Stück der Rest des Kinderbuchs vorgelesen werden, so dass die Kinder von Sombos Hoffnungen und Zukunftsplänen erfahren. Schon als Schülerin beginnt Sombo zusammen mit anderen Jugendlichen in den umliegenden Dörfern Unterricht zu erteilen, in denen es keine Schule gibt. Dabei wird anschaulich, wie wichtig Bildung für den Fortschritt eines Landes wie Sambia ist, das gerade durch den Mangel an qualifizierten Arbeitskräften gelähmt ist.

Baustein 9

Der Kontinent Afrika – Informationen aus einem Sachtext in einem Mindmap darstellen

Material:

- M 8, S. 111
- evtl. Lexika und Landkarten

Unterrichtsschritte:

- Zunächst klären die Kinder unbekannte Begriffe aus dem Text. Sie sollen nur die Begriffe nachschlagen, die sich nicht durch den Kontext oder den Austausch untereinander klären lassen.
- Zum genauen Lesen des Textes werden die Kinder aufgefordert, indem sie die wichtigsten Informationen als Mindmap darstellen sollen.
- In Kleingruppen stellen sich die Kinder ihre Mindmaps vor und überprüfen, ob sie die wichtigsten Informationen wiedergegeben haben. Darüber hinaus können sie ihre Mindmaps mit ihren Clustern des ersten Bausteins vergleichen. Dazu markieren sie die Informationen ihres Mindmaps, die schon in ihrem ersten Cluster enthalten waren, und die Informationen, die neu sind, in verschiedenen Farben.
- Mit Hilfe von Karten können die im Text enthaltenen Angaben zu Flächen und Entfernungen veranschaulicht werden.

Baustein 10

Kreuz und quer durch Afrika – Informationen aus einem Sachtext in einer Karte darstellen

Material:

- M 9, S. 112
- OHP
- M 10 als Arbeitsblatt und auf OHP-Folie, S. 113

Unterrichtsschritte:

- Zunächst betrachten die Kinder die Karte auf M 10, lesen die Ländernamen und erzählen, von welchen Ländern sie schon gehört haben oder über welche Länder sie etwas wissen.
- Anschließend lesen sie den Text auf M 9. Bei der Bearbeitung der Aufgaben in Einzel- oder Partnerarbeit müssen sie die Informationen des Textes auf die Karte (M 10) übertragen, indem sie Namen der Meere und der Orte eintragen und Länder farbig markieren.
- Zur Lösungskontrolle werden die Bezeichnungen und Markierungen auf einer OHP-Folie notiert und gemeinsam am OHP verglichen.

Baustein 11

Das Land Sambia – Informationen aus dem Text in einem Steckbrief darstellen und sich eine Meinung bilden

Material:

- M 11, S. 114

Unterrichtsschritte:

- Dieser Baustein kann gemeinsam bearbeitet oder auch als Lernerfolgskontrolle verwendet werden.
- Die Kinder erschließen die wichtigsten Informationen aus dem Text, indem sie einen Steckbrief zu dem Land Sambia erstellen. Dabei können sie auf die Kategorien der Steckbriefe aus der Unterrichtsreihe *Europa* (siehe 4. Klasse, Band 1, S. 28) zurückgreifen.
- Aufgrund der Textinformationen und der Lektüre des Kinderbuchs von Nasrin Siege sollen die Kinder sich eine Meinung dazu bilden, ob Sambia ein armes oder ein reiches Land ist.
- Im Plenum diskutieren die Kinder ihre Meinungen, wobei nicht im Vordergrund steht, ein eindeutiges Ergebnis zu erzielen. Aufgrund von anderen Hintergrundinformationen können die Kinder jedoch zu der Einschätzung kommen, dass Sambia, verglichen mit anderen afrikanischen Ländern, bereits ein eher fortschrittliches und reiches Land ist.

Baustein 12

Was hat Timos Hemd mit Sambia zu tun? – Informationen aus dem Text als Bildfolge darstellen und sich eine Meinung bilden

Material:

- M 12, S. 115
- kleine Zettel
- Buntstifte

Unterrichtsschritte:

- Als Einstieg ins Thema sammeln die Kinder Gedanken zu folgender Frage: Wohin mit alten Kleidungsstücken? Die Antworten werden an der Tafel festgehalten.
- Durch die anschließende Lektüre des Textes von M 12 erhalten die Kinder Informationen zum Weg von Kleidungsstücken aus Europa zu den Altkleidermärkten in Afrika. Diesen Weg sollen sie als Bildfolge darstellen, indem sie die einzelnen Stationen auf kleine Zettel zeichnen und diese hintereinander aufkleben.
- Sie präsentieren ihre Bildfolgen im Plenum und erläutern diese. Dadurch werden die Informationen aus dem Text nochmals zusammengefasst.
- In Partnerarbeit lesen sie den Text aus dem Kasten auf M 12 und denken über die Zusammenhänge zwischen dem Altkleidermarkt in Afrika und der einheimischen Textilwirtschaft nach. Diese Überlegungen werden im Plenum ausgetauscht und mit Timos eigentlicher Absicht in Zusammenhang gebracht. Abschließend kann reflektiert werden, welche der als Einstieg gesammelten Möglichkeiten zur Altkleiderverwertung sinnvoll sind.

Lernwörter

	Afrika
	afrikanisch
	Arabisch
das	**Dorf**, die Dörfer
	Englisch
die	**Fabrik**, die Fabriken
	Französisch
das	**Haus**, die Häuser
die	**Hütte**, die Hütten
die	**Kolonie**, die Kolonien
das	**Land**, die Länder
	nördlich, nördlicher, am nördlichsten
	östlich, östlicher, am östlichsten
	Portugiesisch
der	**Regenwald**, die Regenwälder
die	**Savanne**, die Savannen
	Spanisch
die	**Sprache**, die Sprachen
die	**Stadt**, die Städte
	südlich, südlicher, am südlichsten
	tropisch
	unabhängig
	westlich, westlicher, am westlichsten

Möglichkeiten der Lernerfolgskontrolle

Um zu überprüfen, ob die Kinder Informationen aus einem Text entnehmen können, kann der Text M 11 mit den Aufgaben aus Baustein 11 verwendet werden, sofern er nicht im Unterricht bereits gemeinsam thematisiert wurde. Bei der Bearbeitung der zweiten Aufgabe zur Meinungsbildung wird deutlich, inwieweit die Kinder auch Informationen aus den anderen, zuvor bearbeiteten Texten einbeziehen.

Kommentierte Literaturhinweise

Für die Lehrkraft:

- Bücken, Eckart/Horn, Reinhard: Welt-Lieder für Kinder. Misereor/Missio/Brot für die Welt/Kontakte Musik-Verlag 1998.
  Neben Liedern aus anderen Ländern findet man zahlreiche leicht erlernbare Lieder aus Afrika.
- Drescher, Axel: Sambia. Gotha: Klett (Perthes) 1998.
  In ausführlicher Form erhält die Lehrkraft hier Hintergrundinformationen zu Sambia: Einen historischen Rückblick auf die Entstehung und Entwicklung des Landes, Hinweise zum Demokratisierungsprozess, Informationen zu Kultur, Bildungssystem, Gesundheitswesen, Natur, Landwirtschaft, Kupferbergbau, Entwicklungsproblemen und Projekten der Entwicklungszusammenarbeit.
- Heilmann, Peter/Schreiber, Gudrun: Karibuni Watoto. Spielend Afrika entdecken. Münster: Ökotopia 1999.
  Dieses Buch bietet ausführliche Hintergrundinformationen zur Stellung Afrikas in der Welt und zu den verschiedenen afrikanischen Kulturen im Überblick. Dabei wird auch die hemmende Wirkung der Kolonisation auf den technischen und gesellschaftlichen Fortschritt Afrikas deutlich. Außerdem findet man einen großen Fundus an Vorschlägen zum Nachgestalten von afrikanischer Kleidung, Schmuck, Hausbau, Nahrung, Musikinstrumenten und Haushaltgeräten sowie Tänzen und Spielen. Meist findet sich ein konkreter Hinweis auf die genaue Herkunft des Gegenstands bzw. des Brauchs. Als Ergänzung ist auch eine CD mit dem Titel „Karibuni Watoto – Kinderlieder aus Afrika" im selben Verlag erhältlich.
- Küpper, Claire und Thomas: Reisehandbuch Zambia. Dormagen: Iwanowski's Reisebuch 2001.
  In diesem Buch erhält die Lehrkraft eine sehr ausführliche und sachbezogene Darstellung zur Geschichte, Bevölkerung und Natur Sambias.
- Nelles, Günther: Jumbo Guide Zambia. München: Nelles 1998.
  Die Farbfotos zu den Reisezielen Sambias ermöglichen erste Landschaftseindrücke. Darüber hinaus findet man in diesem Reiseführer interessante Kompaktinfos zur Demographie sowie zur Tier- und Pflanzenwelt.
- Pakulat, Dorothee/Thomas, Sonja: Nahes, fernes Afrika. Lernwerkstatt. Kempen: Buchverlag Kempen 2002.
  Hier werden Lernangebote zu den Bereichen Hausbau, Kleidung, Schmuck, Essen, Musik und Tanz, Schule, Regenwald und Tierwelt dargestellt, die ergänzend zur vorliegenden Unterrichtsreihe einsetzbar sind. Dabei ist jedoch zu betonen, dass die Beschreibungen nicht auf ganz Afrika insgesamt verallgemeinerbar sind, sondern immer nur Teilaspekte darstellen.

Für die Kinder:

- Ayo, Yvonne/Moller, Ray/Dann, Geoff: Afrika. Rituale und Feste, Kunst und Handwerk des faszinierenden schwarzen Erdteils. Hildesheim: Gerstenberg 1994.
  Mit vielen Fotos und kurzen Texten gibt dieses Sachbuch einen Einblick in die kulturelle Vielfalt Afrikas. Der Schwerpunkt liegt auf traditionellen kulturellen Phänomenen, die nicht systematisch dargestellt werden, jedoch immer mit einem Verweis auf das jeweilige Herkunftsland versehen sind.
- De Smidt, Graham/Weiss, Ruth: Feresia. Ein Mädchen aus Simbabwe erzählt. Wuppertal: Peter Hammer 1988.
  Die vielen Fotos dieses Bilderbuchs machen das Alltagsleben von Kindern in Simbabwe anschaulich und zeigen insbesondere die Unterschiede zwischen Stadt- und Landleben. Im Text werden auch die Auswirkungen von politischen Entwicklungen auf das Alltagsleben beschrieben.
- Sellier, Marie/Lesage, Marion: Sag mir, wie ist Afrika? Wuppertal: Peter Hammer 2002.
  Dieses Bilderbuch überzeugt vor allem durch seine großformatigen Bilder, welche überwiegend in Brauntönen gehalten oder als Collagen gestaltet sind und die Atmosphäre des Lebens auf dem Land in Afrika wiedergeben. Die Geschichten eines afrikanischen Großvaters an seinen Enkel sind geprägt vom liebevollen Ton der Gespräche und prägnanten, teils poetischen Beschreibungen der Familienmitglieder, des Dorfes und seiner Bewohner, der Natur, der Mythen und Rituale.

- Siege, Nasrin: Sombo, das Mädchen vom Fluss. Weinheim und Basel: Beltz & Gelberg 2004.
  Dieser Vorgängerband zum Buch „Wie der Fluss in meinem Dorf“ erzählt von Sombos Kindheit im Dorf.

- Schiens, Marie-Therese: In Afrika war ich nie allein. Wuppertal: Peter Hammer 1999.
  „Afrika hat unzählige Gesichter.“ – Das ist das Resümee der Reise, die Doro aus Hamburg mit ihrem Vater in das westafrikanische Land Togo unternimmt. Mit Witz macht der Kinderroman kulturelle Unterschiede anschaulich und stellt dar, wie sich Doros Gefühle von anfänglicher Angst, Unbehagen und Sich-Wundern zu einer tiefen Verbundenheit mit Land und Leuten verwandeln.

- Talbott, Hudson: Meine Safari. Abenteuer in Afrika. Hamburg: Cecilie Dressler 2004.
  Aus der Sicht eines zwölfjährigen amerikanischen Jungen, der mit seiner Tante das Massai-Gebiet Afrikas in Kenia und Tansania bereist, gibt dieses Bilderbuch einen faszinierenden Eindruck von der Tier- und Pflanzenwelt Afrikas und vom Leben der Massai. Das Buch ist tagebuchartig gestaltet und spricht die Leser besonders an aufgrund der abwechslungsreichen und witzigen Aufmachung aus Collagen mit Zeichnungen, Aquarellen, Fotos und Notizen.

Internetadressen:

Unter folgenden Internetadressen findet man Informationen zu verschiedenen afrikanischen Ländern und zu Entwicklungsprojekten sowie entsprechende Unterrichtsbeispiele, Materialien und Links.

- www.auswaertiges-amt.de
- www.inwent.org/v-ez/lis/sambia
- www.miserior.de
- www.tdh.de
- www.unesco-kinder.de
- www.unicef.org
- www.weltinderschule.uni-bremen.de

Name: Datum: **M 1**

Wie der Fluss in meinem Dorf

Schon seit dem frühen Morgen laufe ich durch den Busch. Jetzt, in der Regenzeit, ist er grün und frisch. Manchmal fällt ein kurzer kleiner Schauer. Gleichzeitig scheint die Sonne, und der Himmel bleibt blau.
Bevor ich morgen nach Sambesi fahre, will ich sie noch einmal sehen, die kleine weiße Antilope, die ganz in der Nähe unseres Dorfes auf die Welt gekommen ist.

1 *Dies ist der Anfang eines Buches. Es heißt „Wie der Fluss in meinem Dorf“ und wurde von Nasrin Siege geschrieben. Wo befindet sich wohl dieses Dorf?*

____

Unterstreiche Textstellen, die dir Hinweise darauf geben.

2 *Schreibe eine kurze Erklärung für die Wörter „Regenzeit“ und „Antilope“ in dein Heft. Du kannst dazu ein Lexikon benutzen.*

„Ich zeige dir heute etwas Besonderes“, hatte Vater vor ein paar Monaten geheimnisvoll zu mir gesagt, bevor er mich hierher zu der sanften, hügeligen Wiese am Waldrand führte. Und da sah ich sie zum ersten Mal. So fein war sie, wie eine Prinzessin. Ich hab ihr auch gleich einen Namen gegeben: Sternchen. Weil sie inmitten ihrer hellbraunen Freunde leuchtet wie ein kleiner Stern. In den letzten Wochen bin ich oft hierher gekommen und habe sie beobachtet. Vorsichtig pirsche ich mich nun den Hügel hinauf, von dem aus ich Sternchen immer beobachte. Ich lege mich auf den Bauch ins nasse Gras und warte. Mit den Augen streife ich am Waldrand entlang auf der Suche nach einem weißen Fleck. Auf den hellen Stein neben dem umgestürzten Baum falle ich nicht mehr herein. Eine Gruppe junger Antilopen – es sind Puku, hat Vater mir erklärt – kommt grasend hinter einem Termitenhügel hervor.
Ich sehe auch ihre Mütter, die sie vom Waldrand her beobachten.
Und da ist auch Sternchen! Langsam ziehen die Tiere in meine Richtung. Der Wind steht günstig, sie können mich nicht wittern.

3 *Unterstreiche im Text die Wörter, die du nicht kennst. Suche im Lexikon nach einer Erklärung und schreibe sie in eigenen Worten in dein Heft.*

4 *Male ein Bild von der Wiese, die im Text beschrieben wird.*

Aus: Siege, Nasrin: Wie der Fluss in meinem Dorf. Tb. Beltz & Gelberg in der Verlagsgruppe Beltz, Weinheim & Basel.

Abschied aus dem Dorf

Am Fluss setze ich mich auf einen Stein. Ich möchte noch ein bisschen allein sein. Das Wasser ist gesunken, der abgestorbene Baum reckt seine dürren Zweige daraus hervor. Sie sehen aus wie Hände. Ich denke an morgen und dass ich nun endlich nach Sambesi zur Oberschule fahren werde. Ich bin stolz, dass ich die Prüfungen bestanden habe.
Das Dorf habe ich noch nie verlassen. Wie wird es sein, nicht mehr bei Großmutter in der Hütte zu schlafen? Werde ich mich nicht sehr einsam fühlen, wenn ich nicht mehr ständig mit meiner Familie zusammen bin?
Auch der Abschied von meiner Freundin Wime fällt mir schwer. Sie hat in den Prüfungen nicht gut abgeschnitten und sie wird hierbleiben. Solange ich denken kann, habe ich mich jeden Tag mit ihr getroffen.
In meiner Familie bin ich die Erste, die auf die weiterführende Schule in die Stadt gehen darf. Ich wünsche mir das schon so lange, und der Lehrer hat mir geholfen, Vater und Mutter davon zu überzeugen, wie wichtig die Schule ist.

1 *In dieser Textstelle erzählt das Mädchen Sombo davon, dass sie ihr Dorf verlassen wird. Wohin will sie gehen und warum?*

2 *Wovor hat Sombo Angst?*

Schule und Lernen in Afrika

Nirgendwo sonst sind Kinder bei der Bildung so benachteiligt wie in Afrika. Etwa 45 Millionen afrikanische Kinder können nicht zur Schule gehen. Das ist fast jedes zweite Kind. In einigen afrikanischen Ländern, wie zum Beispiel in Sambia, gibt es bereits wie bei uns die Schulpflicht. Dort besuchen die meisten Jungen und Mädchen sieben Jahre die Grundschule und lernen dort Lesen, Schreiben und Rechnen. Die weiterführenden Schulen können nur von wenigen Jugendlichen besucht werden.
In einigen afrikanischen Ländern gibt es für die Stadtkinder bessere Möglichkeiten, Schulen zu besuchen. Denn viele Kinder, die auf dem Land leben, können die oftmals weit entfernten Schulen nicht erreichen. Außerdem haben viele Familien nicht genug Geld, um ihren Kindern die Schuluniform, Bücher, Hefte und Stifte zu kaufen.

3 *Informiere dich: Was bedeutet „Schulpflicht" bei uns in Deutschland? Wie lange müssen Kinder und Jugendliche bei uns zur Schule gehen? Wieso können auch ärmere Familien in Deutschland es sich leisten, dass die Kinder zur Schule gehen?*

Aus: Siege, Nasrin: Wie der Fluss in meinem Dorf. Tb. Beltz & Gelberg in der Verlagsgruppe Beltz, Weinheim & Basel.

Name: Datum: **M 3**

Vorbereitung auf die neue Schule

In den letzten Tagen und Wochen hatte ich nur wenig Zeit zum Nachdenken, denn ich war viel zu sehr damit beschäftigt, all die Dinge zu besorgen, die auf der Materialliste für die Oberschule stehen. Als der Lehrer mir die Liste gab, habe ich erst mal einen ganz schönen Schrecken bekommen. Woher sollte ich nur das viele Geld nehmen? Doch dann schlug mir Tante Chisola vor, Pilze zu sammeln und sie auf dem Markt zu verkaufen. Gerade jetzt, während der Regenzeit, wachsen sie in großen Mengen.
So sind wir also in den letzten Wochen fast jeden Morgen in der Frühe in den Busch gegangen und haben Pilze gesucht. Wir haben viel Spaß dabei gehabt und trafen immer noch andere Frauen, die auch Pilze sammelten und sie dann wie wir auf dem Markt verkauften.
[...]
Ich habe meine täglichen Einnahmen gespart und mir nun im einzigen Buchladen in Kabompo, der Stadt auf der anderen Seite vom Fluss, Schulhefte gekauft. Das Geschäft gehört den Missionaren, die vor allem Bücher über Jesus verkaufen.
Nach und nach habe ich fast alles zusammenbekommen, was auf der Liste steht, und alle haben mir dabei geholfen. Chisola hat mir eine Tasse gekauft, und Vater, der manchmal bei einem Bauern als Tagelöhner arbeitet, hat mir von seinem Lohn Stifte, einen Zirkelkasten, einen Teller mit Löffel und Gabel, Seife, Waschpulver, einen Waschlappen und Zucker besorgt.
Vor allem freue ich mich über die schwarzen Schuhe, die Vater mir gestern Abend gebracht hat. Sie gehören zur Schuluniform und mir wurde gesagt, dass ich ohne schwarze Schuhe nicht am Unterricht teilnehmen darf. Doch in unserem Ort gibt es keine schwarzen Schuhe zu kaufen. Als ich Vater davon erzählt habe, hat er sich furchtbar aufgeregt.
Aber dann ist er zu den Missionaren gegangen.
Ich weiß, wie schwer Vater dieser Weg gefallen sein musste. Vater mag die weißen Priester nicht, aber wegen mir hat er sie aufgesucht.
Etwas verlegen war er und stolz darauf, dass er die Schuhe von den Missionaren bekommen hat.
Mutters Bruder, der in Lusaka als Nachtwächter in einem großen Kaufhaus arbeitet, hat mir den blauen Rock für die Schuluniform geschickt, und ich habe mir dazu von meinem Geld auf dem Markt eine gebrauchte weiße Bluse gekauft.

1 *Schreibe eine Liste: Was braucht Sombo für die neue Schule?*

2 *Schreibe eine weitere Liste: Was musst du am Anfang des Schuljahres besorgen?*

3 *Vergleiche die Listen: Was ist anders? Warum?*

Aus: Siege, Nasrin: Wie der Fluss in meinem Dorf. Tb. Beltz & Gelberg in der Verlagsgruppe Beltz, Weinheim & Basel.

Name: Datum: **M 4**

Auf dem Weg zur neuen Schule

Die alte Bushaltestelle liegt an der Hauptstraße, die nach Sambesi führt. Hier treffen wir Mununga und Zenia und die drei Jungen Azukiwe, Afunika und Pablias. Mit Mununga und Afunika bin ich in dieselbe Klasse gegangen. [...]
„Ich warte hier schon seit drei Tagen", sagt ein Mann, der auf einem Sack Mais sitzt. In seinen Händen hält er ein Huhn, dessen Füße er zusammengebunden hat. „Vielleicht haben wir heute Glück", meint ein anderer Mann. „Ich bin seit zwei Wochen unterwegs nach Hause. Das meiste bin ich gelaufen, aber jetzt bin ich müde." „Manchmal hat man Glück, und schon der erste Wagen hält an und nimmt einen mit", meint der Mann mit dem Huhn. „Aber meistens muss man lange warten."
„Habt ihr auch Fahrgeld dabei?", fragt uns eine Frau. Wir nicken alle, nur Afunika guckt betreten. „Aber du weißt doch, dass du den Fahrer fürs Mitnehmen bezahlen musst!", sagt Mununga aufgebracht. Afunika schüttelt den Kopf. „Aber doch nur, wenn ich mit dem Bus fahre! Und die fahren doch zurzeit nicht!", verteidigt er sich. Alle Umstehenden und auch wir lachen ihn aus. [...]
„Wir müssen unser Geld zusammenlegen und für ihn mitbezahlen", schlägt Mununga vor. [...]
Als zwei Autos kurz nacheinander an uns vorbeifahren, werden wir mutlos. Doch dann hält der Lastwagen der neuen Honigfabrik und wir klettern schnell und lachend vor Freude hinten auf die Ladefläche. Wir sind nicht die einzigen Fahrgäste. Etwa zehn weitere Reisende liegen da zwischen ihrem Gepäck und den leeren Honigeimern. Der Fahrer verlangt von jedem von uns sechzig Kwacha. Da wir aber zusammen nur dreihundertdreißig haben, müssen wir mit ihm handeln. Er will zuerst, dass einer von uns wieder hinuntersteigt.
„Aber wir müssen doch alle zur Schule nach Sambesi", sage ich aufgebracht. „Keiner von uns kann hierbleiben!" Die anderen Fahrgäste unterstützen uns, und schließlich gibt der Fahrer murrend nach. Wir sind erleichtert, aber auch aufgeregt, denn wir alle sind noch nicht so oft mit dem Auto gefahren. Endlich geht die Reise los! Wir stellen uns hinter das Führerhäuschen und halten die Gesichter in den Fahrtwind.
Überall an der Straße liegen kleine Siedlungen, die genauso aussehen wie unser Dorf: Ein Zango auf dem Platz in der Mitte und drum herum einige grasgedeckte kleine Lehmhütten und Küchengebäude. Kinder laufen herbei und lachen und winken. Dann rennen sie uns johlend hinterher. Ziegen, Schweine und Hühner, die auf der Straße dösen oder dort nach Fressen suchen, schrecken durch den Krach des herannahenden Lastwagens auf und rennen kopflos und im Zickzack davon. Der Fahrer bremst nicht, weicht ihnen auch nicht aus und so überfährt er einmal ein Huhn, um das sich gleich die Kinder scharen, während wir unsere Fahrt ohne anzuhalten fortsetzen.
Manchmal kommen uns Ochsenkarren entgegen und die Bauern haben Mühe, ihre Tiere, die vor unserem laut hupenden Auto scheuen, auf der Fahrbahn zu halten. Auf der Straße haben sich tiefe Löcher gebildet, in denen sich das letzte Regenwasser angesammelt hat.
Andere Stellen bestehen nur noch aus dickem Schlamm, durch den sich der Wagen nur langsam und schlingernd vorwärtsbewegt. Hoffentlich kippen wir nicht um, denke ich.

1 *Wie kommt Sombo zu ihrer neuen Schule in Sambesi?*

2 *Stell dir vor, du musst von deinem Zuhause in die nächste größere Stadt fahren. Welche Möglichkeiten gibt es, dort hinzukommen?*

3 *Was sieht Sombo auf dem Weg zu ihrer neuen Schule? Unterstreiche wichtige Textstellen und male dann ein Bild.*

Aus: Siege, Nasrin: Wie der Fluss in meinem Dorf. Tb. Beltz & Gelberg in der Verlagsgruppe Beltz, Weinheim & Basel.

Angekommen in der Stadt Sambesi

Mit lang anhaltendem Gehupe fährt der Lastwagen in die Stadt hinein und hält schließlich am Markplatz an. [...] Der Markt hier ist größer als der unsere. Überall wird laut gehandelt, die Luft ist angefüllt von Lärm, Essensduft und dem Gestank von verfaultem Obst. Ich habe noch nie so viele Autos und Menschen auf einmal gesehen. [...]
„Und ich möchte wissen, wo die Schule ist!", sagt Afunika gereizt. „Ich halte es hier nämlich nicht mehr länger aus!" Wir schauen uns um und fragen schließlich einen Mann, der sich auf seinem Ochsenkarren ausruht, nach dem Weg.
„Die Schule liegt auf einem Hügel am Fluss dort oben am Stadtrand", sagt der Mann mit verschlafener Stimme und zeigt mit seinem ausgestreckten Arm die Richtung an. „Wenn ihr aus der Innenstadt raus seid, dann fragt noch mal."
Wir machen uns auf den Weg. Es ist schwierig, hier voranzukommen, denn die Straßen sind voller Menschen und lärmender Autos. An einer großen Straßenkreuzung, in die immer neue Autos einbiegen, warten wir lange, bis wir uns endlich hinübertrauen. Aber wir brauchen auch lange für den Weg, weil wir oft stehen bleiben und all das Neue um uns herum bestaunen.
„Schaut euch mal die Läden an", sagt Mununga immer wieder ganz aufgeregt, „wie groß die sind!"
Die Geschäfte haben riesige Fenster aus Glas, in denen so viele verschiedene Waren ausgestellt sind, wie wir sie noch nie gesehen haben. In einem Laden ist ein richtiger Turm aus wunderschönem Geschirr aufgebaut, in einem anderen Fenster hängen Kleider in allen Farben und Mustern und in dem nächsten stapeln sich große Mengen von Lebensmitteldosen.
„Wieso haben die Leute hier so viel mehr zu essen als wir zu Hause? Wir wohnen doch nur ein paar Stunden von hier weg?", fragt Pablias, der bisher noch keinen Ton gesagt hat.
„Vielleicht, weil wir so tief im Busch leben. Da vergisst man uns eben", meint Mununga, und ich glaube, sie hat recht.
„Und die riesigen Wohnhäuser!", sagt Azukiwe. „Ich möchte bloß wissen, ob die Menschen da drin genug Luft kriegen."
„Du kennst doch das Krankenhaus bei uns", sage ich. „Das ist auch aus Stein, und trotzdem ist genug Luft in den Räumen."
„Aber was für eine!", Zenia rümpft die Nase.
„Eine ganz schön stinkige Luft!"
„Hier stinkt es schon auf den Straßen!", Pablias zieht eine Grimasse.
„Was wollt ihr denn eigentlich?", sage ich böse. „Wollt ihr wieder zurück ins Dorf?"

Was ist in der afrikanischen Stadt Sambesi anders als in Sombos Dorf? Schreibe eine Tabelle in dein Heft:

In Sombos Dorf ...	In der Stadt Sambesi ...
gibt es einen kleinen Markt.	gibt es einen großen Markt.
ist es meistens ruhig.	ist es laut.

Aus: Siege, Nasrin: Wie der Fluss in meinem Dorf. Tb. Beltz & Gelberg in der Verlagsgruppe Beltz, Weinheim & Basel.

Name: Datum: **M 6**

In der neuen Schule

Sombo und die anderen Kinder aus dem Dorf sind nun an ihrer Schule in Sambesi angekommen, wo sie während des Schuljahres auch wohnen werden.

„So, meine Süßen“, sagt die Hausmutter, nachdem wir durch ein Tor in den Innenhof getreten sind. „Wir haben hier verschiedene Schlafhäuser. Jedes Haus ist nach einem der Flüsse Sambias benannt, nach dem Kafue, dem Chambeshi, dem Luangwa und dem Lungevungu.“ [...]

Die Hausmutter geht mir auf einer schmalen Treppe voraus in den Schlafraum. Ich habe noch nie in einem Bett geschlafen, aber ich habe schon welche im Krankenhaus gesehen, als Mutter krank war. Die Betten hier sind schmal, und es befinden sich immer zwei übereinander. In den engen Gängen dazwischen stehen Schränke aus grauem Metall. Ich sehe ein paar Mädchen, die auf ihren Betten liegen. Manche schlafen, andere schauen mich neugierig an.

„Hier habe ich eine neue Mitbewohnerin!“, ruft die Hausmutter laut in den Raum hinein. [...]

Während ich meinen Beutel auspacke, spüre ich die Blicke der anderen Mädchen auf meinem Rücken. Ich tue so, als ob ich das nicht bemerke, und breite meine Wolldecke und die Kleider, die vom Regen nass geworden sind, auf dem Bett aus.

„Und aus welchem Dorf kommst du?“, höre ich eine laute Stimme hinter mir. Ich drehe mich um. Ein etwa gleich großes Mädchen in einer engen weißen Bluse steht vor mir und betrachtet mich spöttisch.

„Aus Chinjenge.“ „Chinjenge? Wo ist denn das? Habe ich noch nie gehört.“ Sie lacht verächtlich. Einige der anderen Mädchen lachen mit. Ich schaue in ihre Gesichter und wundere mich über ihren höhnischen Ausdruck.

„Ihr Leute aus dem Dorf, ihr wisst doch gar nichts!“, sagt das Mädchen noch lauter. „Warum, was meinst du?“, frage ich sie verwirrt. „Was habe ich dir denn getan?“

„Ich will dir nur zeigen, dass du zu dumm für diese Schule bist!“, lacht das Mädchen und klatscht in die Hände. „Und wie willst du mir das zeigen?“

„Mach doch das Licht aus!“

Ich schaue sie verblüfft an. Draußen ist es schon etwas dämmrig, doch hier im Haus ist es hell. Ich blicke mich um und entdecke über mir so ein Licht, wie ich es vom Krankenhaus her kenne, und der Lehrer hat uns auch von solchen künstlichen Lichtern erzählt.

Ich weiß nur nicht, wie sie funktionieren und wie man sie ausmacht.

Woher soll ich das auch wissen? Bei uns im Dorf gibt uns das Feuer am Abend Licht.

„Ich weiß nicht, wie das geht“, sage ich und schaue sie wütend an.

„Blas es doch aus!“ Sie kreischt vor Lachen. Auch die anderen lachen.

Ich bin furchtbar wütend. [...]

In der Nacht schlafe ich wenig. [...] Ich verstehe nicht, warum die anderen Mädchen so unfreundlich zu mir gewesen sind.

Wenn Fremde in unser Dorf kommen, werden sie immer freundlich empfangen.

„Streitet euch nicht, seid höflich“, sagen uns die Alten, „macht niemanden ärgerlich auf euch. Er könnte sich sonst rächen und einen bösen Zauber auf euch werfen!“ Eigentlich ist hier alles anders als zu Hause.

1 *Was ist anders als zu Hause in Sombos Dorf? Unterstreiche zunächst wichtige Textstellen. Beschreibe die Unterschiede in deinem Heft.*

2 *Vermute: Was ist sonst noch neu für Sombo?*

Aus: Siege, Nasrin: Wie der Fluss in meinem Dorf. Tb. Beltz & Gelberg in der Verlagsgruppe Beltz, Weinheim & Basel.

Name: Datum: **M 7**

Toilettenprobleme

1 *Stell dir vor, bei dir zu Hause kommt einige Tage lang kein Wasser mehr aus der Leitung. Welche Probleme gäbe es? Was würdest du tun?*

Seit drei Tagen haben wir kein Wasser. Irgendwo soll es einen Wasserrohrbruch gegeben haben. Der für die Reparatur zuständige Mechaniker ist nach Solwezi gefahren, um dort die notwendigen Ersatzteile zu besorgen.
„Wasserprobleme haben wir doch in jedem Quartal", stöhnt Grace. „Mal ist es die Pumpe, mal ein Rohrbruch – und immer keine Ersatzteile!"
In Gruppen eingeteilt holen wir jeden Tag Wasser aus dem Sambesi. Der Fluss liegt tief unten im Tal, der Weg dorthin ist beschwerlich, und es dauert jedes Mal lange, bis wir mit unseren Wassereimern wieder oben im Schulgelände auftauchen. In den Toiletten stinkt es fürchterlich, und wir schaffen es nicht, sie sauber zu halten. Wir haben nicht genügend Eimer und sind doch so viele Menschen hier! Manche Schüler sind inzwischen krank. Sie klagen über Durchfall und Bauchschmerzen und die Schulkrankenschwester hat alle Hände voll zu tun. Im Unterricht beschweren wir uns bei Frau Simba darüber.
„Da finde ich unsere Toiletten auf den Dörfern besser", sage ich. „Die sind hygienischer, und wir brauchen kein Wasser dazu!"
„Wenn du alles im Dorf besser findest, warum bist du dann nicht dort geblieben?", fragt mich Frau Simba böse. Kavimbi meldet sich. „Sombo hat Recht. Toiletten wie die hier sind doch nur gut, wenn die Wasserversorgung in Ordnung ist!", unterstützt er mich.
Frau Simbas Gesicht bekommt einen harten Ausdruck.
Sie steht auf und streicht ihren Rock glatt.
„Schluss jetzt damit", sagt sie. „Heute wollen wir über Sauberkeit beim Kochen sprechen. Was muss vor allem beachtet werden?"
Dabei schaut sie sich in der Klasse um, tut aber so, als sei ich gar nicht da.
Ich bin wütend auf Frau Simba. Warum will sie mich nicht verstehen?
Und warum muss alles, was im Dorf gemacht wird, rückständig oder schlecht sein?
Unsere Toiletten dort sind sauber! Wie können sie uns hier Hygiene im Unterricht beibringen, wenn es in der Schule selbst nicht sauber ist?

2 *Warum wird Sombo wütend? Schreibe in dein Heft.*

Aus: Siege, Nasrin: Wie der Fluss in meinem Dorf. Tb. Beltz & Gelberg in der Verlagsgruppe Beltz, Weinheim & Basel.

Der Kontinent Afrika

Afrika ist nach Asien der zweitgrößte Kontinent der Erde. Er hat eine Fläche von 30,3 Millionen Quadratkilometern und ist damit dreimal so groß wie Europa. Von Norden nach Süden ist Afrika 8000 Kilometer lang, von Osten nach Westen sind es 7600 Kilometer. Der Name „Afrika“ geht wahrscheinlich auf den Feldherrn Scipio Africanus zurück. Wo der Name Africanus herkommt, dafür gibt es verschiedene Erklärungen: Vielleicht kommt er vom lateinischen Wort aprica, das bedeutet sonnig. Damit verwandt ist das griechische Wort aphrike (= unkalt). Andere leiten Afrika von dem phönizischen Wort afar (= Staub) her. In Afrika leben ungefähr 780 Millionen Menschen. Es werden 1200 bis 2000 verschiedene Sprachen gesprochen. In vielen Ländern wird aber auch Englisch, Französisch, Portugiesisch und Deutsch gesprochen, weil diese afrikanischen Länder lange Zeit von europäischen Ländern besetzt wurden. Man nennt dies Kolonialisierung. Viele Länder wurden erst ungefähr 1950 oder später unabhängig. Der Westen und die Mitte Afrikas bestehen vor allem aus tropischem Regenwald. Es gibt jedoch auch große Trockengebiete wie zum Beispiel die Wüste Sahara im Norden Afrikas. In vielen Gegenden können sich die Menschen selbst versorgen. Sie bauen Maniok und Getreide an, fangen Fische und jagen wilde Tiere. Außerdem werden Bananen, Holz, Gold, Diamanten und Kakao in andere Länder geliefert und dort verkauft. So stammt der größte Teil des Kakaos, der zum Beispiel in unserer Schokolade steckt, aus Afrika. In anderen Gebieten Afrikas ist es dagegen oft so trocken, dass Hungersnöte ausbrechen.

1 *Unterstreiche im Text die Wörter, die du nicht verstehst.*
Frage die anderen Kinder oder sieh im Lexikon nach, was sie bedeuten.
Schreibe eine kurze Erklärung in dein Heft.

2 *Erstelle ein Mindmap mit den wichtigsten Informationen aus dem Text.*

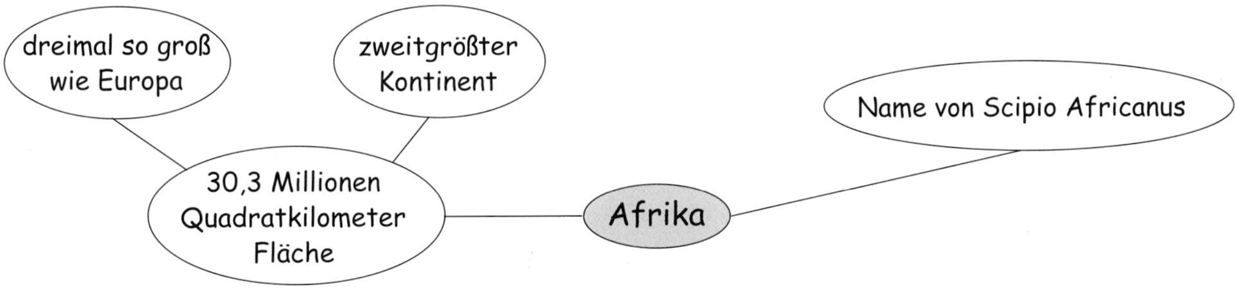

Name: Datum: **M 9**

Kreuz und quer durch Afrika

Der Westen Afrikas liegt am Atlantischen Ozean, die Nordküste grenzt an das Mittelmeer. Im Osten liegen der Indische Ozean und das Rote Meer. Der nördlichste Punkt ist das Kap Ras Ben Sakka in Tunesien, der südlichste Punkt ist Cape Agulhas in Südafrika. Der westlichste Punkt ist Cape Pointe des Almadies in Senegal und der östlichste Punkt ist Kap Ras Hafun auf der Somali-Halbinsel. Neben den alten afrikanischen Sprachen gehören zu den Landessprachen in Afrika auch Sprachen aus Europa. Das kommt daher, da viele afrikanische Länder in der Zeit der Kolonialisierung von europäischen Ländern besetzt waren. Französisch ist offizielle Landessprache in Benin, Burundi, Dschibuti, der Elfenbeinküste, auf den Komoren, im Kongo, in Gabon, Guinea, Kamerun, Madagaskar, Mali, Niger, Burkina Faso, Ruanda, Senegal, Togo, Tschad und in der Zentralafrikanischen Republik. Englisch wird gesprochen in Botswana, Gambia, Ghana, Kamerun, Kenia, Liberia, Malawi, Namibia, Nigeria, Sambia, auf den Seychellen, in Simbabwe, Südafrika, Tansania und Uganda. In Äquatorial-Guinea wird Spanisch gesprochen. Portugiesisch ist Amtssprache in Angola, Guinea-Bissau, Kap Verde und Mosambik. Außerdem ist Arabisch die gemeinsame Sprache vieler Länder: In Afrika sind es Ägypten, Algerien, die Komoren, Libyen, Marokko, Mauretanien, der Sudan, Swasiland und Tunesien.

Bearbeite Arbeitsblatt M 10:

1. *Wie heißen die Meere, die rund um Afrika liegen? Trage die Namen in die Karte ein.*
2. *Trage den nördlichsten, den südlichsten, den westlichsten und den östlichsten Punkt in die Karte ein.*
3. *In welchen Ländern wird Französisch gesprochen? Markiere sie in der Karte blau.*
4. *In welchen Ländern wird Englisch gesprochen? Markiere sie in der Karte rot.*
5. *In welchen Ländern wird Portugiesisch gesprochen? Markiere sie in der Karte orange.*
6. *In welchen Ländern wird Arabisch gesprochen? Markiere sie in der Karte grün.*
7. *In welchem Land wird Spanisch gesprochen? Markiere es in der Karte gelb.*
8. *Welches afrikanische Land hat zwei europäische Sprachen als Amtssprachen?*

Name: Datum: **M 10**

Afrika

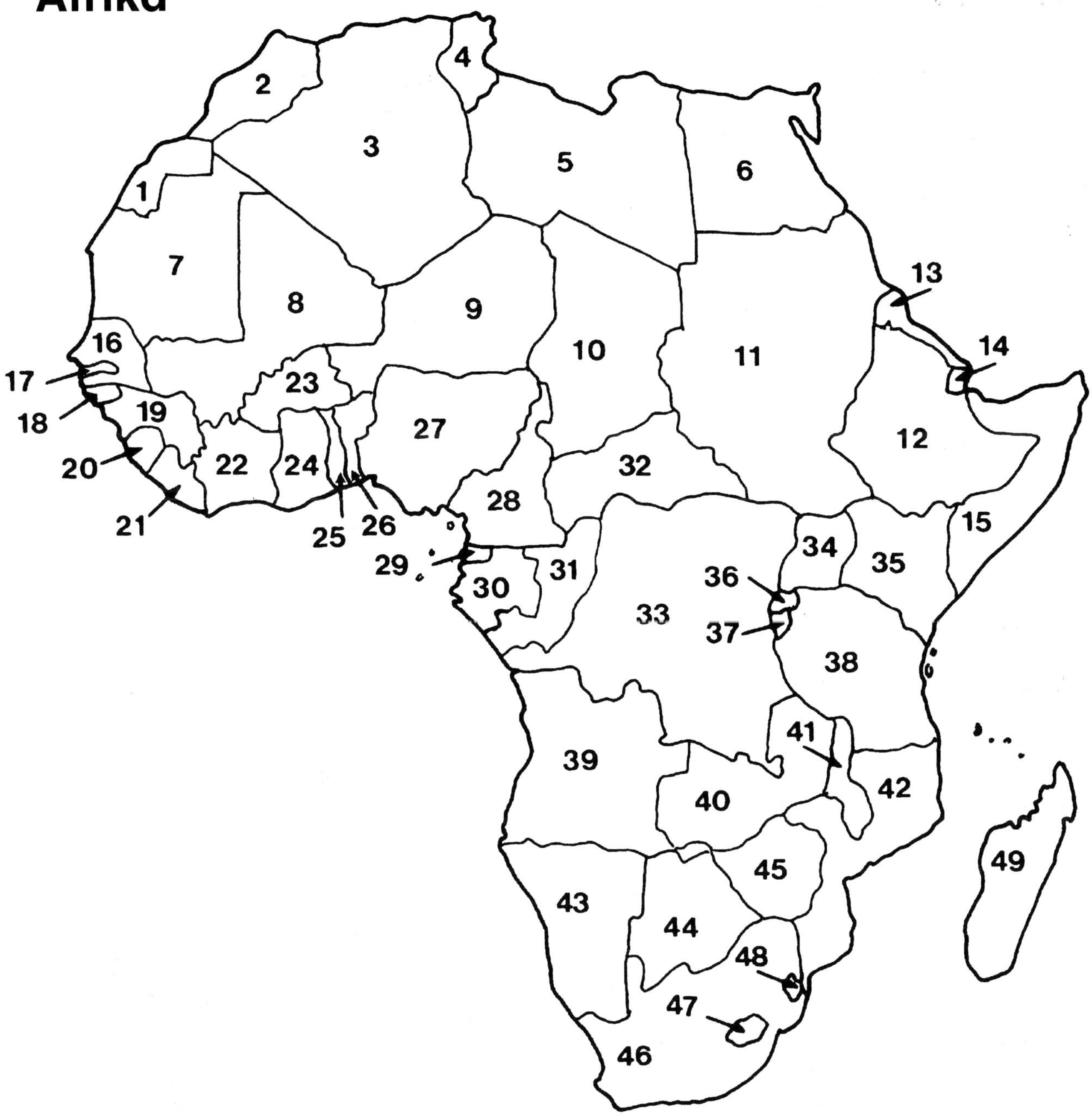

1. Sahara
2. Marokko
3. Algerien
4. Tunesien
5. Libyen
6. Ägypten
7. Mauretanien
8. Mali
9. Niger
10. Tschad
11. Sudan
12. Äthiopien
13. Eritrea
14. Dschibuti
15. Somalia
16. Senegal
17. Gambia
18. Guinea-Bissau
19. Guinea
20. Sierra Leone
21. Liberia
22. Elfenbeinküste
23. Burkina Faso
24. Ghana
25. Togo
26. Benin
27. Nigeria
28. Kamerun
29. Äquatorial-Guinea
30. Gabun
31. Kongo
32. Zentralafrikanische Rep.
33. Demokrat. Rep. Kongo
34. Uganda
35. Kenia
36. Ruanda
37. Burundi
38. Tansania
39. Angola
40. Sambia
41. Malawi
42. Mosambik
43. Namibia
44. Botswana
45. Simbabwe
46. Südafrika
47. Lesotho
48. Swasiland
49. Madagaskar

Das Land Sambia

Das Land Sambia liegt in der Mitte Afrikas. Seine Nachbarländer sind die Demokratische Republik Kongo, Simbabwe, Botswana, Angola, Tansania, Malawi und Mosambik. Sambia hat eine Fläche von 752 618 Quadratkilometern. Die Hauptstadt heißt Lusaka. Seit 1964 ist Sambia unabhängig. Davor war das Land eine britische Kolonie und hieß Nordrhodesien.
In Sambia leben ungefähr 10 Millionen Menschen aus unterschiedlichen Volksstämmen, die 70 verschiedene Sprachen sprechen. Die Amtssprache ist immer noch Englisch. Die meisten Sambier sind Christen, es gibt aber auch Moslems, Hinduisten und Menschen mit anderen afrikanischen Religionen. Obwohl es so viele verschiedene Menschen gibt, leben sie meist friedlich zusammen. Das sambische Geld heißt Kwacha. Ein Euro ist zurzeit so viel wert wie 5200 Kwacha.
Das Land besteht zum größten Teil aus Wald und Feuchtsavanne, das sind Wiesen. In den Wäldern, Wiesen und Flüssen leben viele Tiere wie Nashörner, Elefanten, Giraffen, Zebras, Antilopen, Affen, Flusspferde, Krokodile und Löwen. Anders als in anderen afrikanischen Ländern gibt es nicht so viele trockene Gebiete. Es gibt genügend Wasser. Allerdings ist das Wasser der Flüsse oft stark verschmutzt, so dass man es nicht trinken kann.
Tief in der Erde findet man Kupfer, Kobalt und Edelsteine. Diese Bodenschätze werden aus der Erde geholt und in anderen Ländern verkauft. Viele Menschen sind aus den Dörfern in die Städte gezogen, um im Kupferbergbau zu arbeiten. Inzwischen ist Kupfer aber nicht mehr so viel wert, Sambia bekommt also nur noch wenig Geld. Viele Menschen sind arbeitslos. Die meisten Menschen leben heute von der Landwirtschaft. Sie bauen Mais, Maniok, Hirse, Sonnenblumen, Erdnüsse, Baumwolle, Tabak, Zuckerrohr, Reis, Sojabohnen und verschiedene Gemüsesorten an.
Als Sambia noch ein eher reiches Land war, wurden viele Grundschulen eingerichtet. Die meisten Kinder konnten somit eine Grundschule besuchen. Inzwischen gibt es aber nicht mehr genug Gebäude und kein Geld für Hefte, Bücher und andere Materialien. Die Lehrer werden schlecht bezahlt und müssen nebenbei noch andere Berufe haben, um genug Geld zu verdienen. Es gibt nur wenige weiterführende Schulen. Die meisten Familien können es sich nicht leisten, ihre Kinder zu einer weiterführenden Schule zu schicken, weil sie nicht genug Geld für die Schulgebühren, die Uniform und das Material haben. Außerdem haben sie meist 6 bis 12 Kinder.

Fotos aus einer Schulklasse in Sambia

1. *Suche das Land Sambia auf der Afrika-Karte.*
2. *Schreibe einen Steckbrief zu dem Land Sambia.*
3. *Ist Sambia ein reiches Land? Denke auch an die anderen Texte und begründe deine Meinung.*

Timos Hemd

Vor zwei Jahren hat Timo zum Geburtstag ein Jeanshemd geschenkt bekommen. Ganz dringend hatte er sich so ein Hemd gewünscht, weil es gerade sehr „in“ war.
Da es ein Markenhemd war, war es natürlich nicht ganz billig gewesen und er musste bis zu seinem Geburtstag warten.
Seitdem hatte er es oft getragen. Aber einige Zeit später trug er lieber bunte Sweatshirts und außerdem war ihm das Hemd auch ein bisschen zu klein geworden, er war ja schließlich gewachsen. Als Timos Mutter mal wieder mit ihm den Kleiderschrank aufräumen wollte, stellten sie fest, dass einfach nicht mehr genug Platz darin war. „Wir müssen mal ein paar Sachen aussortieren“, meinte sie. „Das Jeanshemd zum Beispiel hast du schon lange nicht mehr angezogen.“ „Aber es ist doch zu schade zum Wegwerfen, Mama!“, antwortete Timo. „Wegwerfen müssen wir es ja auch nicht. Nächste Woche kommt die Altkleidersammlung. Ein anderes Kind freut sich bestimmt, wenn es dein Hemd bekommt“, sagte die Mutter. Timo wollte wissen: „Wer bekommt denn dann mein Hemd?“ „Es gibt Länder, Timo, da haben die Menschen kaum genug Geld, um Essen zu kaufen, geschweige denn, um sich so ein schönes Hemd zu kaufen.“ „Na gut“, meinte Timo und so packten sie das Jeanshemd zusammen mit einigen anderen Kleidungsstücken in einen Plastiksack und stellten ihn in der nächsten Woche an den Straßenrand. Am Vormittag kam ein Wagen, der alle Säcke einlud.
Nun hatte Timos Hemd einen langen Weg vor sich. Zunächst wurden die Säcke zu einem Lager in einer anderen Stadt gebracht und dort geöffnet. Manche Leute hatten sehr schmutzige und kaputte Kleidungsstücke eingepackt, diese mussten erst einmal aussortiert werden. Zusammen mit den anderen brauchbaren Sachen wurde Timos Hemd wieder verpackt und reiste nun in die USA. Nach dem erneuten Auspacken wurde nun entschieden, welches Kleidungsstück in welches Land reisen sollte. Da Timos Hemd aus eher dünnem Stoff war, wurde es nach Afrika geschickt, genauer gesagt nach Sambia. Zusammen mit einer Fuhre anderer Hemden wurde Timos Hemd an einen afrikanischen Händler geliefert, der dafür natürlich an die Altkleider-Firma aus den USA gezahlt hatte. Dieser Händler bietet die Hemden auf einem Markt in Sambesi zum Kauf an. Sein Stand ist stets dicht mit Menschen umdrängt, weil alle von der Mode aus Europa und Amerika begeistert sind. Dass es Altkleider sind, interessiert hier niemanden, denn neue Mode können sie sich nicht leisten. Auch Timos Jeanshemd findet schnell eine Käuferin, eine Mutter hat es für ihren achtjährigen Sohn Pablias zum Geburtstag gekauft, der es von nun an voller Stolz tragen wird.

1 *Zeichne eine Bildergeschichte über den Weg des Jeanshemds von Timo zu Pablias.*

2 *Lest auch den unteren Text und überlegt: Warum wurden die Textilfabriken in Sambia geschlossen?*

In Sambia gab es bis vor einigen Jahren viele Fabriken, die Stoffe und Kleidung herstellten. Diese Kleidung wurde auch in anderen afrikanischen Ländern verkauft. Deshalb hatten viele Menschen in Sambia Arbeit in den Textilfabriken. In den letzten Jahren lässt sich die Mode aus Sambia aber immer schlechter in den afrikanischen Ländern verkaufen. Viele Fabriken mussten schließen, viele Arbeiter und Arbeiterinnen wurden entlassen.

6. Unterrichtsreihe: Die Zeitungsmacher

(ca. 24–28 Unterrichtsstunden)

Ziele

Mündliches Sprachhandeln

- Kontakte gestalten unter Berücksichtigung von Konventionen
- auf Gesprächsbeiträge eingehen und sie weiterführen
- konstruktiv Kritik üben
- über Strittiges diskutieren
- Meinungen akzeptieren und die eigene Sichtweise mit Argumenten vertreten

Schriftliches Sprachhandeln

- Schreibsituationen klären und beim Schreiben beachten
- Texte in ihrer Wirkung erproben
- sich über Texte beraten und diese überarbeiten

Rechtschreiben

- das Wörterbuch nutzen

Umgang mit Texten und Medien

- einem Text Informationen entnehmen
- Textabsichten und Textwirkungen vermuten
- Texte den Textsorten Bericht, Kommentar, Reportage und Interview zuordnen
- Medien und Medienbeiträge begründet auswählen
- Machart von Medienbeiträgen erkennen
- geeignete Informationsquellen aussuchen

Sprache reflektieren

- Textabsicht, Textsorte, Textwirkung aus der Sicht der Schreiberin bzw. des Schreibers reflektieren

Bausteine der Unterrichtsreihe

1. Einstieg ins Thema Zeitung – Cluster zum Begriff Zeitung erstellen
2. Die Geschichte der Zeitung – Eine zeitliche Übersicht anfertigen
3. Unser Zeitungslexikon – Eine Collage zu typischen Zeitungsbegriffen gestalten
4. Zeitungen untersuchen – Wesensmerkmale von Zeitungen entdecken
5. Der Tag einer Reporterin – Einen Bericht verfassen
6. Zwei Texte zu einem Erlebnis – Textsorten vergleichen
7. Verschiedene Artikel einer Zeitung – Stationen zu den Textsorten einer Zeitung
8. Unsere Abschlusszeitung – Mögliche Themen sammeln und eine Ideenbörse einrichten
9. Unsere Abschlusszeitung – Selbstständig Artikel für die Abschlusszeitung verfassen und überarbeiten
10. Rund um das Layout – Die äußere Gestaltung der Abschlusszeitung festlegen

Didaktischer Kommentar

Kinder sind mit Zeitungen vertraut, wenn beispielsweise die Eltern regelmäßig die Zeitung lesen. Das Printmedium Zeitung ist noch immer eine der wichtigsten Quellen für Informationen, Kommunikation und Unterhaltung. Dennoch finden die Schüler und Schülerinnen den Zugang dazu nicht so leicht wie zum Fernseher oder zum Computer. Durch das gemeinsame Erstellen einer Abschlusszeitung kann eine auf Selbstständigkeit ausgerichtete Medienerziehung sowie das Verständnis für das Medium Zeitung angebahnt werden. In diesem Prozess gewinnen die Schüler Einsichten in die Machart von Zeitungen und es entsteht ein Produkt, das sie „in den Händen halten" – ein großer Vorteil der Zeitung gegenüber elektronischen Medien.
Mit Hilfe von Baustein 1 tragen die Kinder ihre Vorkenntnisse zum Thema Zeitung zusammen. In Baustein 2 erfahren sie anhand eines Textes Wissenswertes zur vierhundertjährigen Geschichte der Zeitung und erstellen mit Hilfe der gewonnenen Informationen eine zeitliche Übersicht. Baustein 3 befasst sich mit dem Aufbau und Inhalt einer Zeitung, indem die Kinder bestimmten Fachbegriffen aus dem Zeitungswesen Beispiele aus Zeitungen zuordnen und sich auf diese Weise den Fachjargon erklären. Um typische Wesensmerkmale herauszufinden, untersuchen die Kinder in Baustein 4 verschiedene Zeitungen auf ihren Inhalt und Umfang. Die Bausteine 6 und 7 vertiefen diesen Aspekt, indem sie auf die in einer Zeitung vorkommenden Textsorten eingehen und Kriterien für die jeweilige Textsorte aufzeigen. Baustein 5 befasst sich mit dem Beruf des Reporters.
Das projektartige Erstellen einer eigenen Abschlusszeitung wird in den Bausteinen 8–10 angestrebt, indem die Kinder zunächst mögliche Themen sammeln, über die in der Zeitung berichtet werden soll. In einer sich anschließenden „Ideenbörse" sammeln alle ihre Erinnerungen in Form von Stichwörtern, Fotos und Bildern und stellen sie sich gegenseitig zur Verfügung. So können dann in Kleingruppenarbeit selbstständig Artikel erstellt und überarbeitet werden. Abschließend wird das Layout bestimmt, indem die Kinder eine Titelseite anfertigen und sich über die Gestaltung aller Artikel der Zeitung, des Impressums und der Inhaltsübersicht Gedanken machen und dieses wieder in Gruppenarbeit umsetzen.

Bausteine der Unterrichtsreihe

Baustein 1

Einstieg ins Thema Zeitung – Cluster zum Begriff Zeitung erstellen

Material:

- Papier
- Plakat

Unterrichtsschritte:

- Um sich ihres eigenen Vorwissens zu diesem Medium bewusst zu werden, fertigen die Kinder in Kleingruppen einen Cluster zum Begriff der Zeitung an.
- Im Plenum werden die gefundenen Begriffe zusammengetragen und strukturiert auf einem Plakat festgehalten. Verständnisfragen können an dieser Stelle geklärt werden.
- Von zu Hause bringen die Kinder verschiedene Tages- und Wochenzeitungen für die folgenden Unterrichtseinheiten mit.

Baustein 2

Die Geschichte der Zeitung – Eine zeitliche Übersicht anfertigen

Material:

- M 1–2, S. 125–126

Unterrichtsschritte:

- Zunächst lesen die Kinder den Text zur Geschichte der Zeitung (M 1). Inhalte des Textes und Unklarheiten werden im Plenum besprochen.
- Anschließend fertigen die Kinder eine Übersicht (M 2) an, in der wichtige Informationen aus der Geschichte der Zeitung erfasst werden.
- Anschließend finden sich die Kinder in Kleingruppen (4–6 Kinder) zusammen, stellen ihre Übersicht vor und begründen, welche Informationen ihnen wichtig erscheinen. Innerhalb der Kleingruppen sollen sie versuchen, sich auf eine Liste zu einigen. Hierbei sollte man darauf achten, dass die Kinder ihre Auswahl begründen können, und versuchen, eine übereinstimmende Wahl zu erzielen.
- In der abschließenden Reflexion steht zunächst die Vorstellung der gemeinsamen Liste mit Begründung und Argumentation im Vordergrund.
- Zudem ist wichtig, das Miteinander in der Gruppe zu thematisieren. Mögliche Leitfragen können sein:
  - Wie habt ihr euch bei eurer Diskussion gefühlt?
  - Sind alle Gruppenmitglieder zu Wort gekommen?
  - Gab es einen Wortführer?
  - Wurde auf Argumente der einzelnen Gruppenmitglieder eingegangen?

Baustein 3

Unser Zeitungslexikon – Eine Collage zu typischen Zeitungsbegriffen gestalten

Material:

- M 3, S. 127
- Zeitungen
- Plakate
- Schere
- Klebstoff

Unterrichtsschritte:

- Die Kinder finden sich in Kleingruppen (3–4 Kinder) zusammen und erhalten eine Aufzählung von Begriffen zum Thema Zeitung mit passenden Erklärungen (M 3).
- Zunächst schneiden die Kinder die Begriffe mit den Erklärungen aus und verteilen sie auf einem Plakat. Dann haben sie die Aufgabe, verschiedene Zeitungen auf diese Begriffe hin zu untersuchen. Wenn sie einen passenden Ausschnitt (ein Bild, einen Artikel, eine Überschrift o. Ä.) zu einem Begriff gefunden haben, schneiden sie diesen aus und legen ihn zum passenden Begriff.
- Anschließend werden die Begriffe und die dazu gefundenen Ausschnitte auf das Plakat geklebt.
- In der abschließenden Reflexion stellen die Gruppenmitglieder ihre Collage vor und erläutern ihr Vorgehen sowie ihre Zuordnung. Sollten hier unterschiedliche Zuordnungen bei den Begriffen „Bericht", „Reportage" o. Ä. erfolgt sein, kann dies ein erster Einstieg zur Unterscheidung und Bestimmung von Textsorten sein, was in den Bausteinen 6 und 7 vertiefend aufgegriffen wird. Zudem erkennen die Kinder auf diese Weise, dass Zeitungen

unterschiedliche Arten von Artikeln aufweisen und verschiedene Schwerpunkte in ihrer Berichterstattung setzen. Zu einigen Begriffen (Manuskript, Redaktionsschluss etc.) werden die Kinder keine Artikel vorfinden. Trotzdem ist es sinnvoll, diese hier aufzuführen und im Plenum zu erläutern, da sie zum Fachjargon des Zeitungswesens dazugehören. Weitere Begriffe aus dem Zeitungswesens wie Redakteur, Journalist etc. können ebenfalls aufgegriffen und geklärt werden.

Baustein 4

Zeitungen untersuchen – Wesensmerkmale von Zeitungen entdecken

Material:

- M 4, S. 128
- Zeitungen

Unterrichtsschritte:

- Die Kinder erhalten die Tabelle von M 4 mit der Aufgabe, unterschiedliche Zeitungen auf ihre einzelnen Rubriken hin zu untersuchen. So tragen sie zunächst ein, wie viele Seiten die jeweilige Zeitung einer bestimmten Rubrik einräumt, und legen anschließend den Schwerpunkt dieser Zeitung fest.
- Im Plenum tragen die Kinder ihre Ergebnisse zusammen und können daraufhin ihre Erkenntnisse verallgemeinern.
- In diesem Zusammenhang können die einzelnen Zeitungen bezüglich ihrer Aufmachung untersucht werden. Mögliche Leitfragen können hier sein:
  - Arbeitet die Zeitung mit viel/wenig Text?
  - Arbeitet die Zeitung mit vielen/wenigen Fotos?
  - Wie sind die Überschriften der einzelnen Artikel gestaltet?

Baustein 5

Der Tag einer Reporterin – Einen Bericht verfassen

Material:

- M 5, S. 129

Unterrichtsschritte:

- Anhand von M 5 informieren sich die Kinder über den Tag einer Zeitungsreporterin und die Arbeitsschritte zum Erstellen eines Zeitungsartikels.
- Im Anschluss haben die Kinder die Aufgabe, den Inhalt des Textes der Zeitungsreporterin in Form eines Berichts darzustellen. Merkmale eines Berichts (siehe Baustein 7 dieser Unterrichtsreihe sowie 3. Klasse, Band 2, S. 41/42) sind folgende:
  Ein Bericht informiert sachlich und kurz über Ereignisse.
  Er beantwortet folgende Fragen:
  - Was ist passiert?
  - Wie ist es passiert?
  - Wann ist es passiert?
  - Wer war beteiligt?
  - Wo ist es passiert?

- Das Reflexionsgespräch sollte unter folgenden Aspekten geführt werden:
  - Wurden alle Tätigkeiten und Abfolgen genannt?
  - Ist der Tagesablauf in der richtigen Reihenfolge wiedergegeben worden?
  - Wurde aus der richtigen Perspektive erzählt?
  - Sind die Kriterien für einen Bericht (keine Gefühle, sachliche Informationen etc.) beachtet worden?
- Zusätzlich können sich die Kinder Gedanken darüber machen, welche Person sie gerne interviewen würden und welche Fragen sie dieser Person stellen würden. Die Fragen notieren die Kinder in ihrem Heft.

Baustein 6

Zwei Texte zu einem Ergebnis – Textsorten vergleichen

Material:

- M 6, S. 130
- Tippkarten

Unterrichtsschritte:

- Auf dem Arbeitsblatt M 6 finden sich zwei unterschiedliche Texte zu einem Ereignis. Die Kinder haben zunächst die Aufgabe, die Unterschiede beider Texte herauszuarbeiten. Tippkarten mit Adjektiven können die Arbeit der Kinder unterstützen.
  Mögliche Adjektive für die Tippkarten:
  sachlich, reißerisch, sensationell, übertrieben, vorsichtig, zurückhaltend, spannend, dramatisch, seriös, wahrheitsgemäß, erfunden
- Anschließend bearbeiten die Kinder die Aufgaben 2 und 3, indem sie den Texten die richtige Textsorte zuordnen und markante Wörter für die „sensationelle Meldung“ unterstreichen.
- Die Ergebnisse werden im Plenum vorgestellt und Kriterien für die beiden Textsorten festgelegt.
- Zur Festigung können die Kinder einen beliebigen Zeitungsbericht in eine sensationelle Meldung unter Beachtung der erarbeiteten Kriterien umschreiben.

Baustein 7

Verschiedene Artikel einer Zeitung – Stationen zu den Textsorten einer Zeitung

Material:

- M 7–10, S. 131–134

Unterrichtsschritte:

- Mit den Arbeitsblättern M 7–10 erhalten die Kinder einen Überblick über vier wichtige Textsorten einer Zeitung. Diese werden als Stationen angeboten, die sich jeweils mit einer Textsorte befassen. So bietet jedes Arbeitsblatt einen Zeitungsartikel in Form eines Interviews, eines Berichts, einer Reportage und eines Kommentars.
- Die Kinder lesen den Text und schreiben charakteristische Merkmale und Beispiele für die jeweilige Textsorte heraus.
- Anschließend verfassen die Kinder mit Hilfe der Stichwörter und des vorgegebenen Kriterienkataloges einen eigenen Text in der entsprechenden Textsorte. Dabei werden immer wieder Zwischenreflexionen in Kleingruppen durchgeführt. Dort treffen sich die Kinder, die bereits einen Text in einer bestimmten Textsorte verfasst haben. Die Texte werden vorgelesen und unter dem Aspekt untersucht, ob die Kriterien der entsprechenden Textsorte erfüllt sind.
- Nachdem alle Stationen bearbeitet worden sind, werden die erstellten Texte abschließend unter den folgenden Fragestellungen vorgetragen:
  - Welche Textsorte wurde umgesetzt?
  - Sind die dafür erstellten Kriterien erfüllt?

Baustein 8

Unsere Abschlusszeitung – Mögliche Themen sammeln und eine Ideenbörse einrichten

Material:

- M 11, S. 135
- Pappkarten
- Papier
- Bilder, Fotos, Texte aus der Grundschulzeit

Unterrichtsschritte:

- Zur Einstimmung singen die Kinder das „Lied über die Grundschulzeit" (M 11), das zu Beginn jeder Arbeitsphase an der Abschlusszeitung gesungen werden kann. Eigene Strophen mit Erlebnissen aus der Grundschulzeit können hinzugetextet werden.
- Dann erläutert die Lehrkraft den Kindern, dass sie die Informationen zum Aufbau und Inhalt einer Zeitung in einer eigenen Abschlusszeitung umsetzen dürfen. Diese gibt einen Überblick über die Grundschulzeit mit all ihren Erlebnissen.
- Zunächst werden relevante Themen gesammelt und auf Pappkarten festgehalten.
  Mögliche Themen für die Klassenzeitung: Klassenfahrt, Schulfeste, Klassenfeste, Ausflüge, Erinnerungen, Steckbriefe, Interviews, Gedichte, Witze, Rätsel, Comics, Sprüche, Anzeigen, Werbung.
- Anschließend findet über einige Tage hinweg eine Ideenbörse statt. Hierzu halten die Kinder im Laufe einer Woche immer wieder Erinnerungen an ihre Grundschulzeit in Form von Notizen, kurzen Texten, Bildern etc. fest. Auch alte Texte und Fotos können mitgebracht werden. Die Vorschläge werden auf einem so genannten Ideentisch den auf Pappkarten festgelegten Themen für die Klassenzeitung zugeordnet und gesammelt. So entsteht ein gewisser Fundus, auf den alle Kinder im Verlauf der Arbeit zurückgreifen können.

Baustein 9

Unsere Abschlusszeitung – Selbstständig Artikel für die Abschlusszeitung verfassen und überarbeiten

Material:

- Arbeitsplan M 12, S. 136
- Schreibhinweise M 13–16, S. 137–138
- Papier
- Wörterbücher
- Computer
- Ideenfundus aus Baustein 8

Unterrichtsschritte:

- Nach Schließen der Ideenbörse wird das weitere Vorgehen besprochen. Dazu erläutert die Lehrkraft, dass es sinnvoll ist, zu den gefundenen Themen für die Abschlusszeitung Unterthemen festzulegen, um die Arbeit zu gliedern und Autoren zuordnen zu können.
  Besonders reizvoll ist es, den Kindern nahezubringen, dass sie ein Redaktionsteam bilden, wie es bei einer Zeitung der Fall ist.
- Anschließend finden sich die Kinder in Kleingruppen zu einem Thema zusammen, legen die Unterthemen fest und ordnen einen Autor zu. Zur besseren Übersicht kann hier ein Arbeitsplan (M 12) erstellt werden, auf dem die Themen mit ihren Unterthemen und dem verantwortlichen Autor festgehalten werden. Dann überlegen sich die Autoren, in welcher Textsorte sie ihren Artikel verfassen wollen und halten dieses auf dem Arbeitsplan fest.

- Danach beginnen die Kinder, ihre Artikel zu verfassen. Dabei können sie auf den Fundus des Ideentisches zurückgreifen. Zudem stehen ihnen Schreibhinweise für die Textsorten Bericht, Reportage, Interview und Kommentar (M 13–16) zur Verfügung, auf denen sie die Kriterien für ihre jeweilige Textsorte finden. Wichtig ist, einen Redaktionsschluss festzulegen, d. h. alle Kinder müssen ihre sogenannten Manuskripte bis zu einem bestimmten Datum abgeben.
- Kinder, die ihre Texte verfasst und mit dem Wörterbuch kontrolliert haben, treffen sich zu einer nach Textsorten getrennten Schreibkonferenz (siehe Seite 10/11) und versetzen sich so in die Rolle eines Redakteurs.
- Auf ein Zeichen der Lehrkraft hin legen die Kinder ihre Manuskripte nach Textsorten geordnet aus. Es folgt eine stille Lesezeit, die zum einen der Präsentation und zum anderen der Würdigung der Texte dient.
- Anschließend sprechen die Kinder über Schwierigkeiten in der Arbeitsphase, die Nutzung des Ideenfundus und geben Anregungen für die Weiterarbeit.
- Kinder, die bereits einen Artikel verfasst und überarbeitet haben, können den Text auf dem Computer schreiben oder einen weiteren Artikel für die Abschlusszeitung anfertigen.

Baustein 10

Rund um das Layout – Die äußere Gestaltung der Abschlusszeitung festlegen

Material:

- ausgefüllter Arbeitsplan M 12, S. 136
- Papier
- Fotos, Zeichnungen, Bilder
- Spiralbindung

Unterrichtsschritte:

- Nachdem alle Artikel für die Abschlusszeitung verfasst, überarbeitet und gegebenenfalls am Computer geschrieben wurden, können sich Kleingruppen Gedanken über das Layout der Abschlusszeitung machen. Dazu zählt, dass ein Titel gefunden werden muss und ein Titelbild gemalt wird. Auch dies ist eine Aufgabe der Redaktion einer Zeitung.
- Außerdem gehören weitere Zeichnungen, Bilder und Fotos zu den einzelnen Artikeln der Zeitung. Hier ist zu organisieren, ob die Autoren der einzelnen Texte selbst Bilder oder Fotos zu ihren Artikeln liefern oder dies anderen überlassen möchten. Wichtig ist, dass die Bilder kopierbar sein müssen.
- Wenn Artikel am Computer geschrieben wurden, können diese noch formatiert werden. Gleiches kann auch bei mit der Hand geschriebenen Texten erfolgen, indem Rahmen o. Ä. eingezeichnet werden, um den Text hervorzuheben und ein einheitliches Bild zu geben.
- Zur äußeren Gliederung wird ein Inhaltsverzeichnis mit allen Titeln der Artikel und den dazugehörigen Seitenzahlen erstellt. Dazu ist es sinnvoll, sich zunächst ein Inhaltsverzeichnis einer Zeitung anzuschauen. Anschließend wird eine Liste aller geschriebenen Artikel erstellt. Diese werden sinnvoll geordnet und mit Seitenzahlen versehen. Eventuell kann dies am Computer gemacht werden.
- Das Impressum gibt Auskunft über alle „Zeitungsmacher", den Erscheinungsort und gegebenenfalls den Preis.
- Bei allen Aufgaben ist es wichtig, nicht nur Kleingruppenreflexionen durchzuführen, sondern auch die Meinung aller Kinder einzuholen bzw. konstruktiv Kritik zu üben, da es um das Gesamterscheinungsbild der Zeitung geht, mit dem alle Beteiligten zufrieden sein sollten.
- Abschließend wird die Zeitung vervielfältigt und gebunden.
- Damit nicht nur die Abschlussklasse etwas von ihrem Werk hat, ist es – gerade für die Autoren – reizvoll, die Zeitung auf einem Schulfest o. Ä. zu verkaufen.

Lernwörter

der	**Artikel**, die Artikel
die	**Auflage**
der	**Bericht**, die Berichte
	dramatisch, dramatischer, am dramatischsten
die	**Illustration**, die Illustrationen
das	**Impressum**
das	**Inhaltsverzeichnis**, die Inhaltsverzeichnisse
das	**Interview**, die Interviews
der	**Kommentar**, die Kommentare
das	**Layout**
das	**Manuskript**, die Manuskripte
der	**Redakteur**, die Redakteure
die	**Redaktion**, die Redaktionen
	reißerisch, reißerischer, am reißerischsten
die	**Reportage**, die Reportagen
der	**Reporter**, die Reporter
die	**Rubrik**, die Rubriken
	sachlich, sachlicher, am sachlichsten
die	**Schlagzeile**, die Schlagzeilen
	sensationell, sensationeller, am sensationellsten
	seriös, seriöser, am seriösesten
die	**Titelseite**, die Titelseiten
	vorsichtig, vorsichtiger, am vorsichtigsten
die	**Zeitung**, die Zeitungen

Möglichkeiten der Lernerfolgskontrolle

- Beliebige Zeitungsartikel können auf ihre Textsorte hin untersucht werden. Daneben zeigen die Kinder beim Verfassen von Paralleltexten in einer anderen Textsorte ihre Kenntnis der Textsortenkriterien.
- Die Abschlusszeitung selbst mit den gesammelten Texten und Bildern der Kinder sollte ebenfalls zur Lernerfolgskontrolle herangezogen werden.

Kommentierte Literaturhinweise

Sachbücher für Kinder:

Kunnas, Mauri: Die Zeitungsmacher. Hamburg: Oetinger 1992.

Das Buch „Die Zeitungsmacher“ zeigt einen Arbeitstag bei der Bernhardiner Allgemeinen Zeitung, kurz BAZ genannt. So lernt man die Arbeit der Redakteure in den Redaktionsräumen kennen, begleitet sie zu den verschiedenen Einsätzen in der Stadt, in die Druckerei, solange bis alle Artikel druckfertig sind. Das Bilderbuch zeigt aber auch, dass manchmal alles wieder umgestellt wird, wenn besondere Ereignisse, hier der Diebstahl der Königskrone, im Vordergrund stehen.

Steedman, Scott: Die Ägyptische Zeitung. Düsseldorf: Sauerländer 1998.

In packenden Reportagen und Augenzeugenberichten werden die Leser der Ägyptischen Zeitung direkt in die Zeit des Alten Ägyptens versetzt. Dort ist viel passiert und wer die Ägyptische Zeitung liest, fühlt sich in die damalige Zeit zurückversetzt: Berichte vom Bau der atemberaubenden Pyramiden, Artikel zum rätselhaften Tod des Kindkönigs Tutenchamun, ein aktueller Gerichtsreport zum Grabräuberprozess und – direkt aus der Mumienwerkstatt – ein Exklusiv-Interview mit dem königlichen Einbalsamierer vermitteln ein lebendiges Bild dieser Zeit. Auch das Alltagsleben wird nicht ausgespart. Die Zeitung informiert ihre Leser mit Tipps zum neusten Schrei für Partygänger und Ratschlägen zu Gesundheit und Kindererziehung, außerdem runden viele Annoncen und Kleinanzeigen das Ganze ab.

Weitere Bücher dieser Reihe: Die Aztekische Zeitung, Die Entdecker-Zeitung, Die Griechische Zeitung, Die Römische Zeitung.

Für die Lehrkraft:

- Ansorge, Christina u. a.: Die Zeitung – ein ganz besonderes Papier. Fächerübergreifende Unterrichtsmappe für die Grundschule. Neuried: Care Line 2000.

- Groß-Ernst, Birgit: Lernwerkstatt Zeitung. Kempen: Buch Verlag Kempen 2000.

- FWU (Institut für Film und Bild): Willi will's wissen: Wie kommt die Story in die Zeitung? (Video/DVD)

  Wie kommt ein Artikel in die Zeitung? Willi grübelt nicht lange, sondern besucht kurz entschlossen die Passauer Neue Presse, wo er in die tägliche Konferenz platzt und den Tagesablauf der Reporterin Elke miterlebt. In diesem Film erwerben die Kinder Grundkenntnisse zum Thema Pressewesen und bekommen einen Einblick in die Entstehung einer Tageszeitung.

Internetadressen für Lehrkräfte und Kinder:

- www.learn-line.de/angebote/zeig

  Hier findet man das ZEUS-Projekt, bei dem eine vierte Klasse an einem Zeitungsprojekt für die Grundschule teilnehmen kann. Dabei erhalten die Schülerinnen und Schüler zwei Wochen lang täglich eine Tageszeitung, deren Aufbau mit Hilfe von entsprechend gestelltem Unterrichtsmaterial erarbeitet wird.

- www.zeitung-fuer-bildung.de

  Wie ist eine Zeitung gegliedert? Was unterscheidet den Kommentar von der Reportage? Antworten auf diese und viele andere Fragen bietet das Projekt Zeitung in der Schule (ZiSCH), das in zahlreichen Städten von Zeitungen in Zusammenarbeit mit Schulen und Sponsoren angeboten wird.

- www.izop.de

  Hier finden sich neben der Erläuterung des Projektes Zeitung in der Schule (ZiSCH) zahlreiche Erfahrungsberichte im Umgang mit dem Printmedium.

- www.izm.de

  Homepage des Zeitungsmuseums in Aachen. Dieses verfügt über eine Sammlung von mehr als 160 000 Zeitungen und Druckwerken sowie eine zeitungswissenschaftliche Bibliothek mit rund 3000 Büchern.

Die Geschichte der Zeitung

Der Begriff „Zeitung" tauchte als „zidunge" mit der Bedeutung „Kunde" oder „Nachricht" bereits am Anfang des 14. Jahrhunderts in Köln auf. Die erste gedruckte Zeitung erschien vermutlich Mitte des Jahres 1605 in Straßburg im Elsass. Sie hieß „Relation aller Fuernemmen und gedenckwuerdigen Historien". Gegründet wurde sie von Johann Carolus und erschien wahrscheinlich wöchentlich. Die älteste erhaltene Ausgabe dieser Zeitung stammte aus dem Jahre 1609.

Im Jahr 1650 erschienen in Leipzig die „Einkommenden Zeitungen". Das waren die ersten Tageszeitungen mit sechs Ausgaben pro Woche. Die älteste Zeitung, die heute noch erscheint, war die „Postoch Inrikes Tidningar" aus Schweden. Sie wurde 1645 gegründet. Die meisten Zeitungen erschienen jedoch nur einmal in der Woche, so dass die Tageszeitung eine Ausnahme blieb.

Eine besondere Aufgabe übernahm die Londoner Zeitung „Daily Courant" ab 1702, denn sie enthielt alle Veranstaltungen der Großstadt. In kleineren Städten wurden die Begebenheiten verkündet, indem sie ausgerufen wurden: Ein Mann ging durch die Straßen einer Stadt und teilte rufend die Veranstaltungen allen Leuten mündlich mit.

Die große Zeit der Zeitungen war in den Zwanziger Jahren des 20. Jahrhunderts, kurz vor der Erfindung des Radios. In Berlin erschien eine Zeitung damals viermal am Tag: Morgenausgabe, Mittagsausgabe, Abendausgabe, Nachtausgabe.

Später vervollständigten Wochenzeitungen den Zeitungsmarkt.

Seit Mitte der 90er Jahre des 20. Jahrhunderts ergänzen viele Verlage ihre gedruckten Ausgaben durch Veröffentlichungen im Internet.

Eine Zeitung ist im Gegensatz zur Zeitschrift ein Medium, das aktuelle Neuigkeiten des Tages verbreitet. Sie gliedert sich meist in mehrere inhaltliche Teile wie Politik, Lokales, Wirtschaft, Sport. Zeitungen bestehen aus dem so genannten *redaktionellen Teil*, für den die Redaktion oder einzelne Autoren verantwortlich sind, und dem *Anzeigenteil*.

Name: Datum: **M 2**

Die Geschichte der Zeitung

Erstelle eine Liste mit den wichtigsten Daten und Ereignissen zur Geschichte der Zeitung (M 1).

Zeit	Geschehen

KOPIERVORLAGE

Zeitungs-ABC

Schneide die Begriffe aus und lege sie auf ein Plakat.
Suche passende Ausschnitte aus Zeitungen und klebe sie zusammen mit den Begriffen auf das Plakat.

Artikel	Beitrag in Zeitungen oder Zeitschriften
Auflage	Anzahl der Zeitungen, die gedruckt werden
Bericht	sachliche Information über ein Ereignis
Druckerei	hier wird die Zeitung gedruckt
Illustrationen	Zeichnungen, um den Text anschaulicher zu machen und um die Zeitung ansprechender zu gestalten
Impressum	hier werden alle „Zeitungsmacher“, Erscheinungsort und der Preis vermerkt
Inhaltsverzeichnis	hier steht, welcher Beitrag auf welcher Seite zu finden ist
Interview	Befragung
Kommentar	Artikel, der die Meinung des Schreibenden zu einem Thema enthält
Layout	Anordnung von Text und Bildern
Manuskript	ein Text, der noch bearbeitet werden muss
Redaktion	dort werden Texte geschrieben und bearbeitet
Redaktionsschluss	zu diesem Zeitpunkt müssen alle Manuskripte überarbeitet sein
Redaktionssitzung	gemeinsam wird geplant und Artikel werden besprochen
Reportage	ausführlichere Berichterstattung über ein aktuelles Thema
Reporter	Autor eines Zeitungsartikels
Rubrik	festgelegter Bereich in einer Zeitung, z. B. „Sport“
Schlagzeile	Überschrift in großen, fetten Buchstaben
Titelseite	Deckblatt, auf dem der Name der Zeitung steht

Name: Datum: **M 4**

Rubriken untersuchen

Jede Zeitung hat ihre spezielle Einteilung. Das heißt, es gibt Seiten für Sport, Politik, Kultur und vieles mehr. Diese Bereiche nennt man in der Fachsprache „Rubriken“.

1 *Schau dir verschiedene Zeitungen an. Wie viele Seiten geben die Zeitungen den einzelnen Rubriken? Trage ein.*

2 *Kreuze die Rubrik an, welche für die jeweilige Zeitung am wichtigsten ist.*

Name der Zeitung	**Politik** Seitenzahl:	**Kultur** Seitenzahl:	**Regionales** Seitenzahl:	**Sport** Seitenzahl:	**Unterhaltung** Seitenzahl:	**Anzeigen** Seitenzahl:	**Sonstiges** Seitenzahl:

Bergedorfer Grundschulpraxis: Deutsch – 4. Klasse, Band 2

Der Tag einer Reporterin

Als freie Reporterin bei einer Tageszeitung bekomme ich von der Redaktion den Auftrag, zu verschiedenen Veranstaltungen zu gehen und über diese zu berichten. Beim letzten Mal sollte ich die Popsängerin Nena interviewen.
Bei so berühmten Leuten bin ich vorher oft etwas aufgeregt und es gehen mir viele Fragen durch den Kopf: „Ist sie wohl arrogant? Kann ich mich mit ihr unterhalten wie mit einer Bekannten? Erfahre ich etwas, das ich für meinen Artikel verwenden kann?“
Als Nena den Raum betrat, war meine Befangenheit wie weggeblasen. Eine natürliche, herzliche Frau stand mir gegenüber. Ich stellte mich ihr vor und begann sofort mit meiner ersten Frage: „Nena, wie erklären Sie sich Ihre Beliebtheit?“ Meinen Block und einen Stift hielt ich bereit, um ihre Antwort in Stichworten zu notieren. Nena lachte verlegen und antwortete: „Das frage ich mich auch immer!“ Ich erkundigte mich dann weiter nach ihrem persönlichen und musikalischen Werdegang und sie gab bereitwillig Auskunft zu allen Fragen.
Anschließend musste ich noch ein gutes Foto von Nena machen. Dies ist nämlich ebenso wichtig wie der Artikel. Dabei soll die Person möglichst natürlich getroffen werden. Dazu mache ich gerne mal einen Witz oder erzähle etwas Lustiges, um die Leute aufzulockern.

Zu Hause setze ich mich dann an den Computer und schreibe das Interview mit Hilfe meiner Stichworte und aus der Erinnerung in den Computer.
Dann schicke ich den Artikel per E-Mail mit Foto an meine Zeitung.
Der Redakteur liest den Text, korrigiert ihn oder übernimmt ihn ohne Änderungen.

Reporterin Susanne Schnell

Schreibe einen Bericht über den Tagesablauf der Reporterin in dein Heft.

Wen würdest du gerne mal interviewen? Welche Fragen würdest du stellen?

Zwei Texte zu einem Erlebnis

Text 1:

Dickhäuter entlaufen

Am gestrigen Abend gelang es einem Elefanten, den Hamburger Tierpark zu verlassen. Sein Tierpfleger hatte nach der Fütterung vermutlich das Tor des Geheges nicht richtig verschlossen. Der Elefant lief direkt in die Stadt und brachte dabei den Verkehr auf der Hauptstraße zum Stillstand.
Die schon bald gestartete Suchaktion verlief erfolgreich, denn nach kurzer Gegenwehr ließ sich der Dickhäuter mit einem Büschel Gras in den LKW locken.

Bericht des Zoodirektors Erwin Reim.

Text 2:

Graues Untier versetzt Stadt in Schrecken

Gestern Abend gelang es dem riesigen Elefant Jumbo, mit roher Gewalt seine stählerne Käfigtür zu zertrümmern und den Hamburger Tierpark in Richtung Stadtmitte zu verlassen. Niemand wagte es, sich ihm in den Weg zu stellen, denn sein ohrenbetäubendes Tröten und der drohend aufgestellte Rüssel ließen alle Bewohner Hamburgs vor Schreck erstarren.
Die eilig gestartete, umfangreiche Suchaktion stellte sich schwieriger heraus als geplant. Das graue Untier wehrte sich mit aller Kraft, und erst nachdem Verstärkung angefordert wurde, ließ sich Jumbo in einen speziellen Tiertransporter zerren.
Nun erwartet den Elefanten ein besonderer Hochsicherheitskäfig mit elektronisch regulierbarem Tor.

Bericht unseres Lokalreporters Ralf Rasant.

1 *Vergleiche die beiden Texte. Was fällt dir auf?*

____

____

____

____

2 *Einen der beiden Texte nennt man eine „sensationelle Meldung", den anderen einen „sachlichen Bericht". Ordne zu und begründe mit Hilfe von Textstellen.*

3 *Unterstreiche in der „sensationellen Meldung" auffällige Wörter.*

Name: Datum: **M 7**

Der Bericht

Die Herbstkirmes

Die alljährliche Herbstkirmes fand auch in diesem Jahr wieder vom 16. bis 19. September auf dem Hubertusplatz in Steinfeld statt.
Zahlreiche Fahrgeschäfte, aber auch Losbuden und Töpferwaren luden die Besucher der Kirmes vier Tage lang zum Vergnügen und Kaufen ein. Für das leibliche Wohl war in Form von Imbiss- und Süßigkeitenständen gesorgt.
Da das sonnige Spätsommerwetter zum Bummeln anregte, sprachen die Veranstalter von einem guten Geschäft.
Das Abschlussfeuerwerk am späten Sonntagabend besuchten etwa 15 000 Gäste.

Ein **Bericht** informiert **sachlich** und **kurz** über Ereignisse.
Er beantwortet folgende Fragen:

- **Was** ist passiert?
- **Wann** ist es passiert?
- **Wer** war beteiligt?
- **Wo** ist es passiert?

1 *Schreibe die Textstellen auf, die die wichtigsten Fragen für einen Bericht beantworten:*

Was ist passiert? ______________________________

Wann ist es passiert? ______________________________

Wer war beteiligt? ______________________________

Wo ist es passiert? ______________________________

2 *Schreibe selbst einen Bericht mit diesen Stichworten:*

Sportplatz in Rotingen

Zirkus Zinello

2000 Besucher

weiße Tiger, Zauberer, Seiltänzerinnen

8. bis 14. April

Name: Datum: **M 8**

Die Reportage

Rasante Himmelfahrt garantiert

Atemberaubende Fahrgeschäfte für jede Altersklasse bot die alljährliche Herbstkirmes auch in diesem Jahr wieder. Der siebzehnjährige Lars berichtete begeistert: „Beim Alpenrausch blieb mir fast die Spucke weg.“ Auch die kleine Lena (5) kam mit breitem Grinsen vom Karussell, wo sie drei Runden hoch zu Ross verbracht hatte. Vor dem 25 Meter hohen Riesenrad bildeten sich regelmäßig lange Schlangen, da sich niemand den herrlichen Blick weit über die Stadt hinaus entgehen lassen wollte.
Nicht beklagen konnten sich auch die zahlreichen Betreiber von Imbissständen. „Ich komme kaum noch mit dem Auflegen der Grillwürstchen nach“, beschwerte sich der Inhaber der Bude „Zum heißen Hunger“ lachend. „Die Leute reißen mir die Wurst quasi aus den Händen.“ Aber auch Berge von Zuckerwatte, duftende gebrannte Mandeln und Lebkuchenherzen fanden reißenden Absatz.
Das große Abschlussfeuerwerk erhellte den nächtlichen Himmel und in vielen leuchtenden Augen der Besucher konnte man lesen: „Nächstes Jahr sind wir wieder hier!“

In einer **Reportage** informierst du jemanden über ein Thema.
- Die Reportage ist weniger sachlich geschrieben als ein Bericht.
- Die **eigene Meinung** des Autors darf geäußert werden.
- Es werden **Adjektive** verwendet, die den Text lebendiger machen.
- Die **wörtliche Rede** lässt den Text noch anschaulicher werden.

1 *Unterstreiche die Textstellen, die für eine Reportage wichtig sind.*

2 *Schreibe selbst eine Reportage mit diesen Stichworten:*

Großmutter von Uta: „Ich war schon als Kind hier!“

2000 begeisterte Zuschauer

Zirkus Zinello

gefährliche weiße Tiger, geheimnisvolle Tricks des Zauberers, atemberaubende Seiltänzerinnen

Uta (6): „Die Witze des Clowns waren spitze!“

Name: Datum: **M 9**

Der Kommentar

Viel Lärm um nichts

Es ist wieder mal Herbstkirmes.

Woran habe ich das erkannt? In meiner Stadtwohnung kann ich mein eigenes Wort nicht mehr verstehen, da bis tief in die Nacht hinein laute Popmusik aus den unüberhörbaren Boxen der Fahrgeschäfte dröhnt. Läuft die Musik einmal nicht, werde ich zum Losekauf oder dem Besuch des gigantischen Riesenrades aufgefordert.

Ist das normal, dass sich so viele Menschen von so viel Lärm anziehen lassen? Es scheint so, denn Menschenmassen schieben sich an den Buden vorbei, beißen lustvoll in einen kitschig-roten Paradiesapfel oder lassen sich ihre sorgsam geföhnte Frisur auf der Achterbahn zerstören.

Das große Abschlussfeuerwerk am letzten Abend lasse aber auch ich mir nicht entgehen, denn von meinem Balkon aus habe ich den besten Blick auf den nächtlichen Himmel. Dabei genieße ich dann eine fettige Portion Reibekuchen, die ich mir an einem Kirmesstand heimlich geholt habe. Die muss einfach sein!

In einem **Kommentar** schreibst du **deine Meinung** zu einem Thema:
- Worum geht es?
- Was hat dir gut **gefallen**?
- Was hat dir **nicht gefallen**?
- Wie **begründest** du deine Meinung?

1 *Unterstreiche die Textstellen, die die wichtigsten Fragen für einen Kommentar beantworten.*

2 *Schreibe selbst einen Kommentar mit diesen Stichworten:*

Tierquälerei

begeisterte Zuschauer

Zirkus Zinello

geheimnisvolle Tricks des Zauberers, atemberaubende Seiltänzerinnen

unbequeme Sitze

Das Interview

„Nachts schlafe ich oft nur drei Stunden“

Nach vier Tagen traditioneller Herbstkirmes sprach unser Reporter mit dem Riesenradbetreiber Otto Groß über den Erfolg der Kirmes und das Leben in dieser Branche.

Reporter: „Wieder liegen vier Tage Kirmes hinter Ihnen. Wie verliefen die Tage für Sie?“
Riesenradbetreiber: „Es waren gute Tage für mich, denn das Riesenrad wurde häufig besucht. Deshalb bin ich jetzt auch froh, mich erholen zu können.“
Reporter: „Das Riesenrad fährt doch erst ab 11 Uhr morgens. Reicht der Schlaf bis dahin nicht?“
Riesenradbetreiber: „Das Riesenrad fährt zwar erst ab 11 Uhr, aber der Kirmesbetrieb läuft ja bis spät in die Nacht. Anschließend säubern wir alle Gondeln des Riesenrades und die Technik muss auch überprüft werden. Daher schlafe ich nachts oft nur drei Stunden.“
Reporter: „Aber jetzt erholen Sie sich?“
Riesenradbetreiber: „Nur kurz, denn bis morgen Abend muss das Riesenrad hier abgebaut und in der nächsten Stadt wieder aufgebaut sein. Jeder Tag ohne Einnahmen ist natürlich schlecht fürs Geschäft.“
Reporter: „Vielen Dank für das Gespräch und alles Gute!“

In einem **Interview** befragt man eine Person.
- Eine **kurze Einleitung** stellt die Interviewpartner vor.
- Die **Fragen** sollten so gestellt sein, dass man sie kurz beantworten kann.
- Die Fragen sollten nicht nur mit „Ja“ oder „ Nein“ beantwortet werden können.
- Das Gespräch wird mit einem **abschließenden Satz** beendet.

1 *Unterstreiche die Textstellen, die für ein Interview wichtig sind.*

2 *Schreibe selbst ein Interview mit diesen Stichworten:*

anstrengendes Zirkusleben, Leben im Wohnwagen

tolle Gemeinschaft unter Zirkusleuten, wie eine Familie

Interview mit Zirkusdirektor Zinello

Tagesablauf: Aufbau, Probe, Vorführung und Abbau

Name: Datum: **M 11**

Lied über die Grundschulzeit

(Melodie: Eine Insel mit zwei Bergen ...)

1. Strophe

Unsre Schulzeit, die war klasse,
da war immer etwas los,
denken wir nur an die Feste,
die war'n wirklich ganz famos.
Ja, wir konnten vieles lernen,
alle Pausen waren toll,
und von diesem Lied, da krieg´n wir Kinder
wirklich nie die Nase voll.
La, la, la, la, la ...

2. Strophe

Ja, die Schule hier war klasse,
denn wir fuhren quer durch's Land
von der *Bücherei* zum *Tierpark*
und ins schöne *Münster*land.
Alle Kinder lernten Lesen, Rechnen,
Schreiben ja sogar,
uns're Zeitung, die wird zeigen,
wie toll die Grundschulzeit hier war.
La, la, la, la, la ...

Anstatt der schräg gedruckten Wörter könnt ihr solche Erlebnisse einsetzen, die zu eurer Grundschulzeit passen.

Erfinde Strophen mit eigenen Erlebnissen aus deiner Grundschulzeit!

Arbeitsplan

Thema: ____________________

Mitglieder der Gruppe:

____

____

Titel des Unterthemas	Name des Autors	Textsorte	Schreib-konferenz durchgeführt ✔	Layout fertig ✔

Name: Datum: **M 13**

Schreibhinweise für einen Bericht

Berichte informieren über Ereignisse, zum Beispiel über einen Ausflug, ein Klassenfest oder eine Theateraufführung.

1. Überlege dir vorher:
   - Was ist passiert?
   - Wann ist es passiert?
   - Wer war beteiligt?
   - Wo ist es passiert?

2. Schreibe so:

   Schreibe sachlich und kurz.
   Deine eigene Meinung gehört <u>nicht</u> in einen Bericht.

   Aufbau des Textes:

   → Die wichtigste Information steht im ersten Satz.
   → Danach werden die Fragen in wenigen Sätzen beantwortet.

Name: Datum: **M 14**

Schreibhinweise für eine Reportage

Eine Reportage kann sich mit allen Dingen aus deinem Schulleben beschäftigen, die dich interessieren.

1. Überlege dir vorher:
   - Was könnte die Leserinnen und Leser der Abschlusszeitung an deinem Thema interessieren?
   - Kannst du jemanden zu deinem Thema befragen?
   - Welche Informationen möchtest du auf jeden Fall einbringen?

2. Schreibe so:

   Erzähle über dein Thema.
   Du darfst deine Meinung zum Thema äußern.
   Verwende Adjektive, die den Text lebendiger machen.
   Die wörtliche Rede lässt den Text noch anschaulicher werden.

   Aufbau des Textes:

   → Einleitung: Worum geht es in deiner Reportage?
   → Hauptteil: Welche Informationen möchtest du mitteilen?
   → Finde einen abschließenden Satz.

Name: Datum: **M 15**

Schreibhinweise für einen Kommentar

❗ *In einem Kommentar schreibst du <u>deine Meinung</u> zu einem Ereignis, zum Beispiel zur Klassenfahrt oder zum Schulfest.*

1. Überlege dir vorher:
   - Worum geht es?
   - Was hat dir gut gefallen?
   - Was hat dir nicht gefallen?
   - Wie begründest du deine Meinung?

2. Schreibe so:
   Erzähle über ein Thema aus deiner Sicht.
   Deine Meinung zum Thema ist wichtig.
   Verwende Adjektive, die den Text lebendiger machen.

   Aufbau des Textes:
   → Einleitung: Worum geht es in deinem Kommentar?
   → Hauptteil: Erkläre, was dir gut gefallen hat und was nicht. Begründe deine Meinung.
   → Ein abschließender Satz rundet deinen Kommentar ab.

Name: Datum: **M 16**

Schreibhinweise für ein Interview

❗ *In einem Interview kannst du etwas über eine Person (z. B. eine Lehrerin, den Hausmeister oder den Rektor) erfahren oder die Meinung mehrerer Personen zu einem Thema erfragen (z. B. „Wie gefällt euch der Schulhof?“).*

1. Überlege dir vorher:
   - Wen möchtest du befragen? Was möchtest du von dieser Person erfahren?
   - Was könnte die Leser und Leserinnen der Abschlusszeitung interessieren? Schreibe dir die Fragen auf. Schreibe die Fragen so, dass du eine kurze Antwort erhältst, aber nicht nur „Ja“ oder „Nein“.
   - Schreibe die Antworten stichwortartig auf oder nimm sie mit einem Aufnahmegerät auf.

2. Aufbau des Textes:
   → Eine kurze Einleitung stellt die Interviewpartner vor.
   → Gib die Fragen und Antworten wieder.
   → Das Gespräch wird mit einem abschließenden Satz beendet.

7. Materialien zu Festen und Jahreszeiten

Frühling

Sommer

Was ist eine Wiese?

Futter für die Kuh.
Und noch was dazu.
Gras und Blumen, Schmetterlingsflügel.
Bienensummen.
Ameisengekrabbel.
Käfergezappel.
Achtung, Maulwurfshügel!
Margeriten.
Rote Federnelken vor dem blauen Himmel.
Heupferd übt den Weitsprung bis zum Kümmel.
Ein Kamillenbusch öffnet zwei Blüten.
Sommerfliegen flitzen
über Storchschnabelmützen.
Hummeln brummeln im Honighaus
ein und aus.
Glockenblumen bammeln und bummeln.
Unten am Löwenzahn geigt
eine Grillenschnarre. Der Wind
spielt mit den Halmen Harfe
oder Gitarre,
alles regt sich oder bewegt sich,
alles, was da lebt und schwebt,
leuchtet, knistert, flüstert, brummelt, bummelt.
Was ist eine Wiese? –
Das ist eine Wiese.

Friedl Hofbauer

Bergedorfer Grundschulpraxis: Deutsch – 4. Klasse, Band 2

Name: Datum: **M 2**

Als der Osterhase abgeschafft werden sollte

König Grips war ein sehr kluger König. Er hatte in sieben Ländern studiert und wollte, dass alle Leute in seinem Land nur Dinge taten, die klug und vernünftig waren. König Grips hatte eine Frau und einen kleinen Sohn. Der hieß Prinz Fips. Fips wachte morgens immer sehr früh auf. Besonders sonntags. Eines Sonntags um sechs hopste Prinz Fips bei seinen Eltern auf dem Bett herum und fragte ungeduldig: „Wann kommt denn jetzt endlich der Osterhase? Wann, wann, wann?“ „Osterhase? So ein Quatsch!“, brummte der König verschlafen. „Wer hat dir denn diesen altmodischen Blödsinn erzählt?“ Der Prinz sah auf seine Mutter, die er ebenso liebte wie die Geschichten, die sie ihm abends erzählte. „Doch nicht etwa du?“, fragte der König und saß senkrecht im Bett. „Es ist aber eine hübsche Geschichte …“, entschuldigte sich die Königin. „Es ist eine hübsche Dummheit“, sagte der König und runzelte missbilligend die buschigen Augenbrauen. „Ein Hase, der Eier legt! Solche Geschichten haben sich unsere Großeltern erzählt. Die wussten es noch nicht besser. Aber jetzt sind moderne Zeiten! Ich werde befehlen, dass dieses unmögliche Tier sofort aus der Welt geschafft wird.“ Bereits am Sonntagnachmittag ließ der König folgendes Gesetz verkündigen:

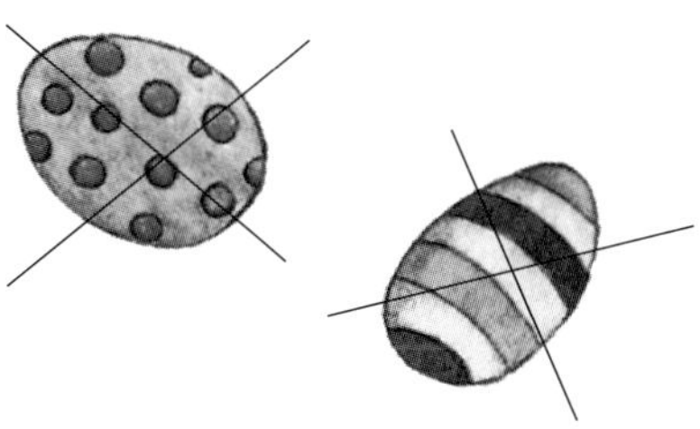

Das Erzählen von Ostergeschichten
und das Verstecken von Ostereiern
ist verboten.
Wer es tut oder duldet,
wird mit Gefängnis bestraft.

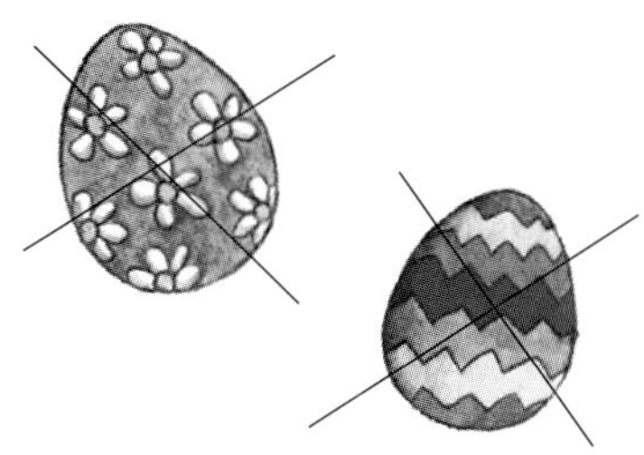

Das gab einen Aufruhr im ganzen Land! Nicht nur bei den Zuckerbäckern und Ostereierfabrikanten. Nein, vor allem bei den Kindern! Sie liefen in Scharen zum königlichen Palast und riefen: „Wir wollen unsern Osterhasen wiederhaben!“
Und schrien alle im Chor: „Os-ter-ha-se! Os-ter-ha-se!“
Das hatte der König nicht vorhergesehen. Schließlich konnte er doch nicht alle Kinder ins Gefängnis stecken! Und es kamen immer mehr Kinder. Der König schwitzte vor Aufregung, weil er nicht wusste, was er machen sollte. Da kam zu allem Überfluss Prinz Fips herein. Er hielt seinen Stoffhasen unterm Arm und schluchzte: „Das Kindermädchen sagt, ich muss ihn hergeben!“ Der König rannte ratlos im Thronsaal hin und her und raufte sich die Haare.
„Mein Hasi!“, jammerte Prinz Fips und heulte zum Steinerweichen. „Gesetz ist Gesetz!“, knurrte der König aufgebracht. Dann ließ er seinen obersten Minister kommen. „Was soll ich denn nun tun?“ Ein Hase, der Eier legt? Ich kann doch nicht erlauben, dass mein Volk so einen Blödsinn glaubt! Das widerspricht der modernen Wissenschaft!“, stöhnte der König. „Dann müssten Sie Frau Holle, Rumpelstilzchen und den Weihnachtsmann ebenfalls verbieten“, entgegnete der kluge Minister. „Da haben sie allerdings recht!“, sagte der König Grips. „Aber was mach ich nun?“ „Ich will mein Hasi haben“, schluchzte Prinz Fips. „Os-ter-ha-se! Os-ter-ha-se!“, riefen die Kinder auf der Straße immer wieder.
Der König stand grübelnd am Fenster. „So helfen Sie mir doch!“, flehte er seinen Minister an.
Der Minister räusperte sich und sagte: „Weshalb, Majestät, verbieten Sie eigentlich etwas, was es gar nicht gibt?“
„Da haben Sie völlig recht!“, sagte König Grips erleichtert. „Etwas zu verbieten, was es nicht gibt! Das widerspricht der modernen Wissenschaft. Das Osterhasengesetz ist unnötig, ich werde es sofort widerrufen!“
Seitdem dürfen die Kinder im ganzen Land wieder Osterhasengeschichten hören, Ostereier suchen und sich am Osterhasen freuen. Denn schließlich gibt es den Osterhasen ja gar nicht. Oder?

Ursel Scheffler

Name: Datum: **M 3**

Frühlingsgewusel

Suche die 10 Frühlingswörter und schreibe sie unten auf.
Sie stehen senkrecht und waagerecht und vorwärts und rückwärts im Gitter.

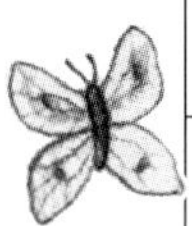

P	U	S	T	E	B	L	U	M	E	G	M	U
A	S	D	U	L	B	D	T	Y	E	N	E	N
Ä	K	T	L	J	I	O	N	T	Z	I	K	L
I	M	Z	P	K	E	N	E	T	Ü	L	B	B
O	S	T	E	R	N	Y	U	Z	E	R	C	H
E	S	O	N	N	E	N	S	C	H	E	I	N
J	P	O	R	T	N	Ö	V	F	G	T	B	C
L	K	U	E	Y	B	K	E	S	Ü	T	N	S
B	G	P	L	E	G	Ö	V	A	P	E	D	I
S	H	X	Y	S	Z	M	Ü	O	E	M	F	D
G	Ä	N	S	E	B	L	Ü	M	C	H	E	N
O	F	B	Ö	I	T	A	D	Q	U	C	K	S
V	B	V	M	W	F	R	U	L	Ü	S	H	X

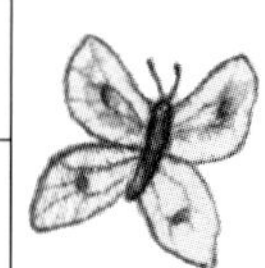

Name: Datum: M 4

Gefunden

Ich ging im Walde
So für mich hin,
Und nichts zu suchen,
Das war mein Sinn.

Im Schatten sah ich
Ein Blümchen stehn,
Wie Sterne leuchtend,
Wie Äuglein schön.

Ich wollt' es brechen,
Da sagt' es fein:
Soll ich zum Welken
Gebrochen sein?

Ich grub's mit allen
Den Würzlein aus,
Zum Garten trug ich's
Am hübschen Haus.

Und pflanzt' es wieder
Am stillen Ort;
Nun zweigt es immer
Und blüht so fort.

Johann Wolfgang von Goethe

Name: Datum: **M 5**

Derselbe Sommer kommt nicht wieder

„Weißt du sicher, dass einmal wieder Frühling wird?", fragt Babsy ihre Mutter, als sie durch die Stadt spazieren.
„Ja", sagt die Mutter.
„Woher weißt du es?", will Babsy wissen.
„Es ist immer wieder Frühling geworden."
Sie bleiben vor den Schaufenstern stehen und schauen sich die Stiefel an und die Pelzmützen.
„Wo kriegen die Bäume die neuen grünen Blätter her?", fragt Babsy, als sie durch den kleinen Park gehen.
„Sie kommen aus ihnen heraus", sagt die Mutter. „So, wie die Gedanken aus dir herauskommen."
„Hm", macht Babsy.
Die Mutter holt eine Tüte mit Brotkrumen aus der Tasche und sie füttern die Enten, die über den Eisrand des Weihers herangewatschelt kommen.
„Im Sommer saß ein kleiner Junge mit einer Mundharmonika hier", sagt Babsy. „Und auf der Bank die dicke Frau, die strickte."
„Und dann war da noch der Hund – weißt du, der, der immer Löcher gebuddelt hat. Wo sind die alle? Ich meine", setzt sie hinzu, „wo ist der ganze Sommer? Kommt er wieder?"
„Nein", sagt die Mutter und sie lässt einen Schwan aus ihrer Hand picken. „Derselbe Sommer kommt nicht wieder."
„Ist er einfach fort?", fragt Babsy.
Die Mutter nimmt Babsy an die Hand.
„Nein", erwidert sie. „Er ist nicht fort. Nichts, was gewesen ist, ist einfach fort. Er ist in dir. Wenn du die Augen zumachst, kannst du ihn sehen."
Da schließt Babsy schnell die Augen.
Und wahrhaftig – alles ist grün!
Der kleine Junge spielt Mundharmonika, die dicke Frau sitzt auf der Bank und der Hund buddelt Löcher.
„Mm", meint Babsy. „Wird das, was heute ist, morgen auch in mir drin sein?"
„Ja", sagt die Mutter.

Gina Ruck-Pauquèt

Name: Datum: **M 6**

Der letzte Schultag

„Ich bin noch nie geflogen“, sagt Ellen beim Frühstück. „Das ist in deinem Alter nicht erstaunlich“, sagt ihr Vater. „Schick mir bitte ein Brötchen herüber!“

Ellen reicht ihm ein Brötchen über den Tisch. „Das ist schon das dritte. Denk an deinen Bauch!“ „Jaja“, brummt ihr Vater. „Reden wir lieber über das Fliegen.“ „Alle fliegen! Nur wir nicht!“ „Wer fliegt wohin?“

„Also: Hanna fliegt mit ihren Eltern nach Menorca. Das weißt du ja. Und Roland fliegt mit seiner Mutter in die Türkei.“

„Und weiter? Wer fliegt noch?“

„Heidrun fliegt auch! Ich hab vergessen wohin.“ „So so – drei aus deiner Klasse fliegen.“ Ellens Vater schmunzelt. „Drei von einundzwanzig!“

„Tunesien!“, sagt Ellen. „Heidrun fliegt nach Tunesien. Wo liegt das?“

„In Afrika.“ „Poooh, so weit.“ Ellen staunt. „Dann zählt Heidruns Flug doppelt.“

Ihr Vater schüttelt den Kopf. „Die Rechnung geht nicht auf. Drei fliegen, nicht vier, und schon gar nicht alle!“

„Trotzdem“, sagt Ellen. „Ich will auch. Wieso fliegen wir nie?“

„Weil wir dieses Haus gekauft haben, mein Schatz. Alles kann man nicht haben.“

Ellen weiß natürlich, was ihr Vater meint. Sie hat ihren Eltern oft genug zugehört. Wenn man ein Haus kauft, wird das Geld knapp. Das hat sie begriffen. Nur reiche Leute können ein Haus kaufen *und* eine Flugreise machen. Und reich sind Ellens Eltern nicht gerade. Ihr Vater ist Postangestellter und ihre Mutter arbeitet jeden Tag von fünf bis neun Uhr in der Teestube.

„Wir sind nicht richtig arm und nicht richtig reich“, sagt Ellen. „Ich wäre gern richtig reich. Dann würden wir auch nach Tunesien fliegen.“

Ihr Vater träumt nicht von Afrika. Dort ist es ihm entschieden zu heiß. Aber an den Bodensee möchte er. Oder an den Chiemsee in Bayern. „So eine Reise ist erholsamer und kostet weniger als fliegen. Vielleicht können wir uns das nächstes Jahr leisten.“

„Nächstes Jahr! Das dauert noch ewig“, denkt Ellen. Nächste Woche möchte sie verreisen. Wenn die Sommerferien beginnen! Von ihr aus auch ohne Flugzeug, nur an den Bodensee … Ferien zu Hause sind langweilig. Stinklangweilig!

In den nächsten Tagen schwärmen in der Schule fast alle nur noch von ihren Urlaubszielen. Auch diejenigen, die nicht in ein fremdes Land fliegen. Manche freuen sich auf die Nord- oder Ostsee, manche auf die Berge.
Außer Ellen bleiben nur fünf andere Kinder zu Hause. Mehr nicht! Am letzten Schultag wird Hanna direkt von der Schule abgeholt. Hanna ist Ellens beste Freundin. Die ganze Familie sitzt schon reisefertig im Auto. Das Flugzeug nach Menorca fliegt um vier Uhr in Düsseldorf ab. Sie müssen sofort losbrausen, um rechtzeitig dort zu sein.
„In drei Wochen bin ich wieder da", sagt Hanna. „Ich schicke dir jede Woche eine Karte!" Ellen nickt. „Schönen Urlaub", murmelt sie, dreht sich um und geht.
Sechs Wochen Ferien liegen vor ihr, drei endlose Wochen ohne Hanna. Sie hat nichts, worauf sie sich freuen kann! Gar nichts! Und viel zu heiß ist es heute! Ellen guckt trübsinnig in den blauen wolkenlosen Himmel.
In der Wallstraße kommt ihr Herr Sperling entgegen. Mit Miko. Miko ist ein kleiner Langhaardackel. Er und Ellen sind dick befreundet. Miko wedelt mit dem Schwanz, bleibt vor ihr stehen und wartet auf eine Begrüßung. „Hey, Miko", sagt Ellen und: „Guten Tag, Herr Sperling!"
Sie krault Miko kurz hinter den Ohren. Doch selbst er kann sie heute nicht aufheitern.
Herr Sperling zieht an der Leine. Er hat es eilig. Sein Bruder ist letzte Nacht gestorben. In einem Altenheim. Ellen weiß nichts, was sie sagen könnte. Herr Sperling redet umso mehr. „Ich bin sein nächster Verwandter", erzählt er, „ich muss alles regeln. Die Beerdigung, seine Möbel und seine Münzen …" Herr Sperling ist völlig konfus. So aufgeregt hat Ellen ihn nie zuvor gesehen.
„Mein Bruder hat sein Leben lang Münzen gesammelt. Ganze Koffer voll. So ein Blödsinn! Was soll ich damit? Ich werde eine Woche brauchen, um alles zu erledigen."
Ellen seufzt leise. Herr Sperling tut ihr leid, aber die Sachen seines Bruders interessieren sie nicht. Miko auch nicht. Er guckt ganz gelangweilt.
Herr Sperling will schnell zum Bahnhof. Um sich nach einem Zug zu erkundigen. Und dann will er zu Ellens Eltern. Er braucht jemanden für Miko. Den kann er nämlich nicht mitnehmen.
„Ich dachte, dass du für eine Woche …", sagt er und guckt Ellen dabei bittend an.
„Wenn deine Eltern damit einverstanden sind …" Ellen unterbricht ihn. „Ich frag sie, ich frag sie sofort!"
Sie saust los, als hätte sie Flügel.

Anne Steinwart

Name: Datum: **M 8**

Wolkengucken

Hast du schon einmal auf einer Wiese gelegen
und dabei in die Wolken geschaut?
Manchmal sind es viele kleine Wolkenschäfchen.
Dann wieder sehen sie aus wie dicke, weiche Federbetten,
in die man sich hineinkuscheln möchte.
Plötzlich sieht man einen riesigen Kopf mit langem Bart,
einer dicken Knollennase und sogar einem Mund.
Ein kleines Wolkenloch ist das Auge.
Es verschiebt sich und wird zu einem riesigen Hund.
Jetzt ist es ein Löwe mit großer Mähne.
Der Wind treibt die Wolke auseinander,
die Sonne brennt die Wolke fort – sie ist nicht mehr da.
Aber schon kommt eine neue Wolke angesegelt.
Sie sieht aus wie ein springendes Pferd und jetzt
wie ein Kamel mit Höckern. Bis auch diese Wolke fort ist.
Es kommen aber immer neue.
Manchmal sind sie so dick, dass sie die Sonne nicht hindurchlassen.

Ursula Fack

Name: Datum: **M 9**

Schattengestalten im Sommer

Du brauchst: Partner, Kreide, Sonne

So geht's:

Sucht euch zu zweit draußen eine freie und sonnige Stelle, z. B. auf dem Schulhof. Ein Schüler versucht, einen lustigen oder außergewöhnlichen Schatten zu werfen. Ihr könnt euch dazu hinstellen, hinsetzen oder auch hinlegen. Der andere Schüler umfährt den Schattenumriss mit Kreide.

Zeichne den Umriss unten in das Feld.
Wenn du willst, kannst du deinem Schatten noch ein Gesicht malen oder ihn mit unterschiedlichen Farben gestalten oder einen besonderen Hintergrund malen.
Gib deinem Bild einen Titel.

4 Lernwörter

abbiegen, er biegt ab
Afrika
afrikanisch
Arabisch
der **Artikel**, die Artikel
die **Auflage**
aufpumpen, er pumpt auf
der **Bericht**, die Berichte
die **Burg**, die Burgen
der **Burgherr**, die Burgherren

der **Charakter**

das **Dorf**, die Dörfer
dramatisch, dramatischer, am dramatischsten
der **Drehbuchautor**, die Drehbuchautoren

Englisch
sich **entschuldigen**, er entschuldigt sich
die **Entschuldigung**, die Entschuldigungen

die **Fabrik**, die Fabriken
fahren, er fährt
das **Fahrrad**, die Fahrräder
der **Fahrradschlauch**, die Fahrradschläuche
die **Fahrradtour**, die Fahrradtouren
das **Fernsehen**
der **Fernseher**, die Fernseher
die **Fernsehzeitschrift**, die Fernsehzeitschriften
der **Film**, die Filme
filmen, er filmt
flicken, er flickt
der **Flicken**, die Flicken
Französisch
die **Freundschaft**, die Freundschaften
freundlich, freundlicher, am freundlichsten

die **Gabel**, die Gabeln
der **Gepäckträger**, die Gepäckträger
das **Geschenkpapier**, die Geschenkpapiere
das **Gespräch**, die Gespräche
glücklich, glücklicher, am glücklichsten
gucken, er guckt

hässlich, hässlicher, am hässlichsten
das **Haus**, die Häuser
das **Herzklopfen**
die **Hütte**, die Hütten

die **Illustration**, die Illustrationen
das **Impressum**
das **Inhaltsverzeichnis**, die Inhaltsverzeichnisse
interessant, interessanter, am interessantesten
das **Interview**, die Interviews

der **Kameramann**, die Kameramänner
der **Kampf**, die Kämpfe
kämpfen, er kämpft
die **Klingel**, die Klingeln
die **Kolonie**, die Kolonien
der **Kommentar**, die Kommentare

das **Land**, die Länder
langweilig, langweiliger, am langweiligsten
die **Lanze**, die Lanzen
das **Layout**
der **Lenker**, die Lenker
die **Luftpumpe**, die Luftpumpen
lustig, lustiger, am lustigsten

das **Manuskript**, die Manuskripte
der **Maskenbildner**, die Maskenbildner
das **Mittelalter**
musikalisch, musikalischer, am musikalischsten

neidisch, neidischer, am neidischsten
nördlich, nördlicher, am nördlichsten

östlich, östlicher, am östlichsten

das **Pedal**, die Pedale
der **Pfeil**, die Pfeile
das **Pferd**, die Pferde
Portugiesisch
das **Programm**, die Programme
prüfen, er prüft
die **Prüfung**, die Prüfungen

das **Rad**, die Räder
Rad fahren, er fährt Rad
der **Rahmen**, die Rahmen
der **Redakteur**, die Redakteure
die **Redaktion**, die Redaktionen
der **Reflektor**, die Reflektoren
die **Regel**, die Regeln
der **Regenwald**, die Regenwälder
der **Regisseur**, die Regisseure
der **Reifen**, die Reifen
der **Reifenmantel**, die Reifenmäntel
reißerisch, reißerischer, am reißerischsten
reiten, er reitet
der **Reiter**, die Reiter
die **Reportage**, die Reportagen
der **Reporter**, die Reporter

der **Ritter**, die Ritter
die **Rubrik**, die Rubriken
rüsten, er rüstet
die **Rüstung**, die Rüstungen

sachlich, sachlicher, am sachlichsten
der **Sattel**, die Sättel
die **Savanne**, die Savannen
der **Schauspieler**, die Schauspieler
die **Schlagzeile**, die Schlagzeilen
die **Schraube**, die Schrauben
schützen, er schützt
schwer, schwerer, am schwersten
sein, er ist
senden, er sendet
sensationell, sensationeller, am sensationellsten
seriös, seriöser, am seriösesten
sicher, sicherer, am sichersten
Spanisch
spannend, spannender, am spannendsten
die **Speiche**, die Speichen
die **Sprache**, die Sprachen
sportlich, sportlicher, am sportlichsten
die **Stadt**, die Städte
südlich, südlicher, am südlichsten

täglich
die **Titelseite**, die Titelseiten
tropisch

unabhängig
unterhaltsam, unterhaltsamer, am unterhaltsamsten

das **Ventil**, die Ventile
der **Verkehr**
das **Verkehrsschild**, die Verkehrsschilder
die **Vorfahrt**
vorsichtig, vorsichtiger, am vorsichtigsten

der **Wassergraben**, die Wassergräben
westlich, westlicher, am westlichsten
witzig, witziger, am witzigsten

die **Zeitung**, die Zeitungen
zurückhaltend, zurückhaltender, am zurückhaltensten
der **Zuschauer**, die Zuschauer

6 Merkameisen-Übersicht

Schwerpunkte der Übersichten:
4. Klasse, Band 1: Wortarten, Rechtschreibung; 4. Klasse, Band 2: Zeichensetzung, Grammatik.

Aussagesätze
Wenn du eine Geschichte schreibst, brauchst du viele Aussagesätze.
Am Ende dieser Sätze steht immer ein **Punkt**.
Das **erste Wort im Satz** wird immer **großgeschrieben**.

Wenn wir etwas wissen möchten, stellen wir eine **Frage**.
Am **Ende eines Fragesatzes** steht ein **Fragezeichen**.

Hinter einer **Aufforderung** kann ein Punkt (**.**) oder eins Ausrufezeichen (**!**) stehen. Wenn etwas **besonders betont** werden soll, setzt man ein **Ausrufezeichen**.

Wenn jemand in einem Text etwas sagt, erkennst du es an den Redezeichen.
Der Prinz sagt: „Heirate mich."

Besteht die wörtliche Rede aus **mehreren Sätzen**, so werden diese nur **einmal** durch **Anführungszeichen** markiert.

Beispiel:

Jens ruft: „Hallo! Ist da jemand? Kann mich jemand hören?"

Steht der Begleitsatz nach der wörtlichen Rede, werden die Zeichen wie in den Beispielen gesetzt:

a) „Hallo Mogli", zischte die Schlange Kaa.
b) „Wer bist du?", fragte Mogli.
c) „Ich bin eine gute Schlange!", rief die Schlange Kaa.

Verben können ihre Form verändern. Sie zeigen an, ob etwas jetzt gerade passiert **(Gegenwart)** oder ob etwas schon passiert ist **(Vergangenheit)**.
Sie zeigen jedoch auch an, wenn etwas passieren wird **(Zukunft)**.
Die Zukunft wird mit dem Hilfsverb ***werden*** und ***einem Verb in der Grundform*** gebildet.

Beispiel: Morgen ***wird*** die Sonne ***scheinen***.

Hilfsverb (→ *wird*), Grundform (→ *scheinen*)

Das **Perfekt** verwendet man **beim mündlichen Erzählen** von **Erlebnissen, die in die Vergangenheit** liegen.
Es wird mit den Hilfsverben ***haben*** oder ***sein*** und einer **Verbform** gebildet:

ich <u>habe</u> gespielt *du <u>bist</u> gelaufen*

Das **Präteritum** verwendet man **beim Schreiben** von **Erlebnissen, die in der Vergangenheit** liegen: *ich spielte, ich ging*

Das Nomen, das auf die Frage „Wen oder was?“ antwortet, steht im Wen- oder Was-Fall.

Das Nomen, das auf die Frage „Wer oder was? antwortet, steht im Wer- oder Was-Fall.

Das Nomen, das auf die Frage „Wem?“ antwortet, steht im Wem-Fall.

Das Nomen, das auf die Frage „Wessen?“ antwortet, steht im Wessen-Fall.

Den **WER- oder WAS-Satzteil** nennen wir **Subjekt**.
Das Subjekt enthält meist ein Nomen oder ein Pronomen.

Beispiel: <u>Der Toaster</u> röstet das Toastbrot.
<u>Er</u> ist innen sehr heiß.

Den Satzteil, der ein Verb enthält, nennen wir **Prädikat**.
Das Prädikat sagt etwas über das Subjekt aus.

Beispiel: Ein Bleistift <u>leitet</u> den Strom nicht.
Deshalb <u>spricht</u> man von einem Nichtleiter.

7 Übersicht über die Ziele der Unterrichtsreihen

Übersicht über die Ziele der Unterrichtsreihen	Mündliches Sprachhandeln	Schriftliches Sprachhandeln
1. Unterrichtsreihe: **Ritter – Blick in die Vergangenheit**	• zu einem Bild erzählen • anderen zuhören • einen Text mit eigenen Worten wiedergeben	
2. Unterrichtsreihe: **Du und ich – von Jungen und Mädchen**	• auf Gesprächsbeiträge eingehen und sie weiterführen • miteinander diskutieren	• eine Wortfamilie zum Begriff Liebe erstellen • ein Analogiegedicht verfassen • sich über Texte beraten • Vermutungen über die Wirkung von Briefen anstellen • einen Geschichtenanfang weiterschreiben • einen Comic erstellen und veröffentlichen
3. Unterrichtsreihe: **Fernsehen und durchblicken**	• sich über Fernsehgewohnheiten austauschen • konstruktiv Kritik an Arbeiten anderer Kinder üben • eine Meinung begründen • ein Rollenspiel zu einer Geschichte entwickeln • eine Schreibkonferenz durchführen	• eine schriftliche Begründung verfassen • einen Fragebogen entwerfen • eine Nacherzählung schreiben
4. Unterrichtsreihe: **An meinem Fahrrad ist alles dran**	• über kontroverse Fragen diskutieren • einen Vorgang beschreiben	• Berichte und Erzählungen über reale und erdachte Ereignisse schreiben • ein Streitgespräch verfassen • Beschreibungen von Gegenständen und Vorgängen verfassen • Texte am Computer schreiben • Schreibideen entwickeln • mit Hilfe von Leitfragen und Stichworten den Schreibprozess planen • sich über Texte beraten • Texte überarbeiten
5. Unterrichtsreihe: **Sambia – irgendwo in Afrika**	• eine Meinung äußern und begründen	• Cluster und Mindmaps erstellen • Sachverhalte in verständlicher Form aufschreiben • einen Steckbrief schreiben
6. Unterrichtsreihe: **Die Zeitungsmacher**	• Kontakte gestalten unter Berücksichtigung von Konventionen • auf Gesprächsbeiträge eingehen und sie weiterführen • konstruktiv Kritik üben • über Strittiges diskutieren • Meinungen akzeptieren und die eigene Sichtweise mit Argumenten vertreten	• Schreibsituationen klären und beim Schreiben beachten • Texte in ihrer Wirkung erproben • sich über Texte beraten und diese überarbeiten

Rechtschreiben	Umgang mit Texten und Medien	Sprache reflektieren
• Texte in Bezug auf die orthografische Richtigkeit verbessern • sich über Texte beraten	• Texten Informationen entnehmen • verschiedene Lesestrategien nutzen • in Büchern recherchieren • das Wörterbuch nutzen	• das Mittelhochdeutsche mit der heutigen Sprache vergleichen • Verben in Vergangenheit und Zukunft setzen • die wörtliche Rede üben • über mögliche Veränderungen von Verben reflektieren
• das Wörterbuch nutzen	• Textbelege zitieren • genaues Lesen üben • einen Text gliedern	• sich über Gesprächserfahrungen in verschiedenen Situationen verständigen • Nachsilben zur Unterscheidung von Wortarten nutzen
• das Wörterbuch nutzen	• Daten gewinnen und als Säulendiagramm darstellen • Ordnungskriterien bezüglich des Fernsehprogramms finden • Informationen aus einem Text entnehmen • Textteile ordnen • eine Geschichte zu einem Rollenspiel erweitern	
• Lernwörter selbstständig üben • das Wörterbuch nutzen	• informierendes und genaues Lesen üben	• Sprachproben beim Überarbeiten von Texten nutzen: Umstellen von Satzgliedern sowie Ersetzen und Hinzufügen von Wörtern • Textabsicht, Textsorte und Textwirkung aus der Sicht des Schreibers bzw. der Schreiberin reflektieren • das Wortfeld *Fahrrad fahren* entwickeln und nutzen
	• unbekannte Begriffe mit Hilfe von Kinderlexika klären • informierendes Lesen üben • interpretierendes Lesen üben • Informationen aus Texten erfassen und in Bildern, Tabellen, Steckbriefen und Mindmaps darstellen	• Textbelege zitieren
• das Wörterbuch nutzen	• einem Text Informationen entnehmen • Textabsichten und Textwirkungen vermuten • Texte den Textsorten Bericht, Kommentar, Reportage und Interview zuordnen • Medien und Medienbeiträge begründet auswählen • Machart von Medienbeiträgen erkennen • geeignete Informationsquellen aussuchen	• Textabsicht, Textsorte, Textwirkung aus der Sicht der Schreiberin bzw. des Schreibers reflektieren

8 Quellenangaben

Altenburg, Erika u. a.: Tintenklecks. Das Deutschbuch 3. Klasse. Donauwörth: Auer 2004.

Bumke, Joachim: Höfische Kultur. Literatur und Gesellschaft im hohen Mittelalter. München: Dtv 2002.

Dietl, Erhard: Das Geburtstagsfest. Aus: ders.: Leselöwen-Streitgeschichten © 1998 Loewe Verlag GmbH, Bindlach.

Fack, Ursula: Wolkengucken © 2005 Ursula Fack.

Goethe, Johann Wolfgang von: Gefunden. Aus: Guggenmos, Josef: Dunkel war's, der Mond schien helle. Verse, Reime und Gedichte. Hildesheim: Gerstenberg 1999.

Hofbauer, Friedl: Was ist eine Wiese? Aus: dies./Reich, Karoly: Das goldene Buch der Tiere im Wald und auf der Wiese. Düsseldorf/Stuttgart: Hoch 1974.

Nahrgang, Frauke: Nichts für Papas. Aus: dies.: Lene und Peter packen aus. © 1994 Deutscher Taschenbuch Verlag, München.

Ruck-Pauquèt, Gina: Derselbe Sommer kommt nicht wieder. Aus: Steinwede, Dietrich/Ruprecht, Sabine (Hrsg.): Vorlesebuch Religion 2. Für Kinder von 5–12. Horneburg: Persen 1993.

Scheffler, Ursel: Als der Osterhase abgeschafft werden sollte. Aus: dies.: Leselöwen-Ostergeschichten © 2004 Loewe Verlag GmbH, Bindlach.

Siege, Nasrin: Wie der Fluss in meinem Dorf. Tb. Beltz & Gelberg in der Verlagsgruppe Beltz, Weinheim & Basel.

Steinwart, Anne: Der letzte Schultag © 2006 Anne Steinwart.

Steinwart, Anne: Sesam, öffne dich © 2006 Anne Steinwart.

Zuckowski, Rolf: An meinem Fahrrad ist alles dran. Mit freundlicher Genehmigung MUSIK FÜR DICH Rolf Zuckowski OHG, Hamburg.

Für Ihre Notizen:

Bergedorfer® Grundschulpraxis – alle Bände im Überblick

Die Reihe für die kreative Unterrichtsgestaltung in der Grundschule!

Dagmar Kuhlmann (Hrsg.)

Bergedorfer® Grundschulpraxis – Musik

1. Klasse

Buch
184 Seiten, davon
6 vierfarbig,
DIN A4, kartoniert
Best.-Nr. **3924**

Doppel-CD
Ca. 120 Minuten
Spieldauer
Best.-Nr. **3925**

2. Klasse

Buch
Ca. 150 Seiten, davon
ca. 32 vierfarbig,
DIN A4, kartoniert
Best.-Nr. **3926**

CD
Ca. 60 Minuten
Spieldauer
Best.-Nr. **3927**

3. Klasse

Buch
Ca. 150 Seiten, davon
ca. 32 vierfarbig,
DIN A4, kartoniert
Best.-Nr. **3928**

CD
Ca. 60 Minuten
Spieldauer
Best.-Nr. **3929**

4. Klasse

Buch
Ca. 150 Seiten, davon
ca. 32 vierfarbig,
DIN A4, kartoniert
Best.-Nr. **3930**

CD
Ca. 60 Minuten
Spieldauer
Best.-Nr. **3931**

Übersichtliche Stundenbilder erleichtern die Unterrichtsvorbereitung durch **konkrete Erarbeitungs- und Organisationshinweise**, kompakte Hintergrundinformationen über Lieder, Musikstücke, Komponisten und Instrumente sowie Materialien, Kopiervorlagen und Begleit-CDs.

Rosalia Abbenhaus/Jennifer Gisbertz/Ulrike Hartmann-Nölle/
Anne Sparenberg/Julia Treiber

Bergedorfer® Grundschulpraxis – Kunst

1./2. Klasse

Band 1

Buch
124 Seiten, DIN A4,
kartoniert, vierfarbig
Best.-Nr. **3966**

Foliensatz
21 Farbfolien, DIN A5
Best.-Nr. **3970**

Band 2

Buch
Ca. 100 Seiten, DIN A4,
kartoniert, vierfarbig
Best.-Nr. **3967**

Foliensatz
21 Farbfolien, DIN A5
Best.-Nr. **3971**

3./4. Klasse

Band 1

Buch
136 Seiten, DIN A4,
kartoniert, vierfarbig
Best.-Nr. **3968**

Foliensatz
18 Farbfolien, DIN A5
Best.-Nr. **3972**

Band 2

Buch
Ca. 100 Seiten, DIN A4,
kartoniert, vierfarbig
Best.-Nr. **3969**

Foliensatz
Ca. 15 Farbfolien, DIN A5
Best.-Nr. **3973**

Dieses umfassende, kindgemäße Materialangebot bietet präzise Anregungen für den Unterrichtsablauf. Alle strukturiert aufgebauten Unterrichtsreihen beinhalten in sich **abgeschlossene Unterrichtssequenzen**, die das Thema auf unterschiedliche Weise betrachten.

Bestellcoupon

Ja, bitte senden Sie mir/uns mit Rechnung

____ Expl. ______________________ Best.-Nr. ________
____ Expl. ______________________ Best.-Nr. ________
____ Expl. ______________________ Best.-Nr. ________
____ Expl. ______________________ Best.-Nr. ________
____ Expl. ______________________ Best.-Nr. ________
____ Expl. ______________________ Best.-Nr. ________
____ Expl. ______________________ Best.-Nr. ________

Bestellen Sie bequem direkt bei uns!
Telefon: 0 41 63/81 40 40, Fax: 0 41 63/81 40 50

Hier erfahren Sie auch die aktuellen Erscheinungstermine der Bände (Mo.–Fr. 8.00–16.00 Uhr).

Bitte kopieren und einsenden an:

Persen Verlag GmbH
Postfach 2 60
D-21637 Horneburg

Meine Anschrift lautet:

____
Name/Vorname

____
Straße

____
PLZ/Ort

____
E-Mail

____
Datum/Unterschrift